Cornelia Schinharl

Original Venezianische Küche

SEEHAMER
KOCHBUCH
Garantiert gut

Inhalt

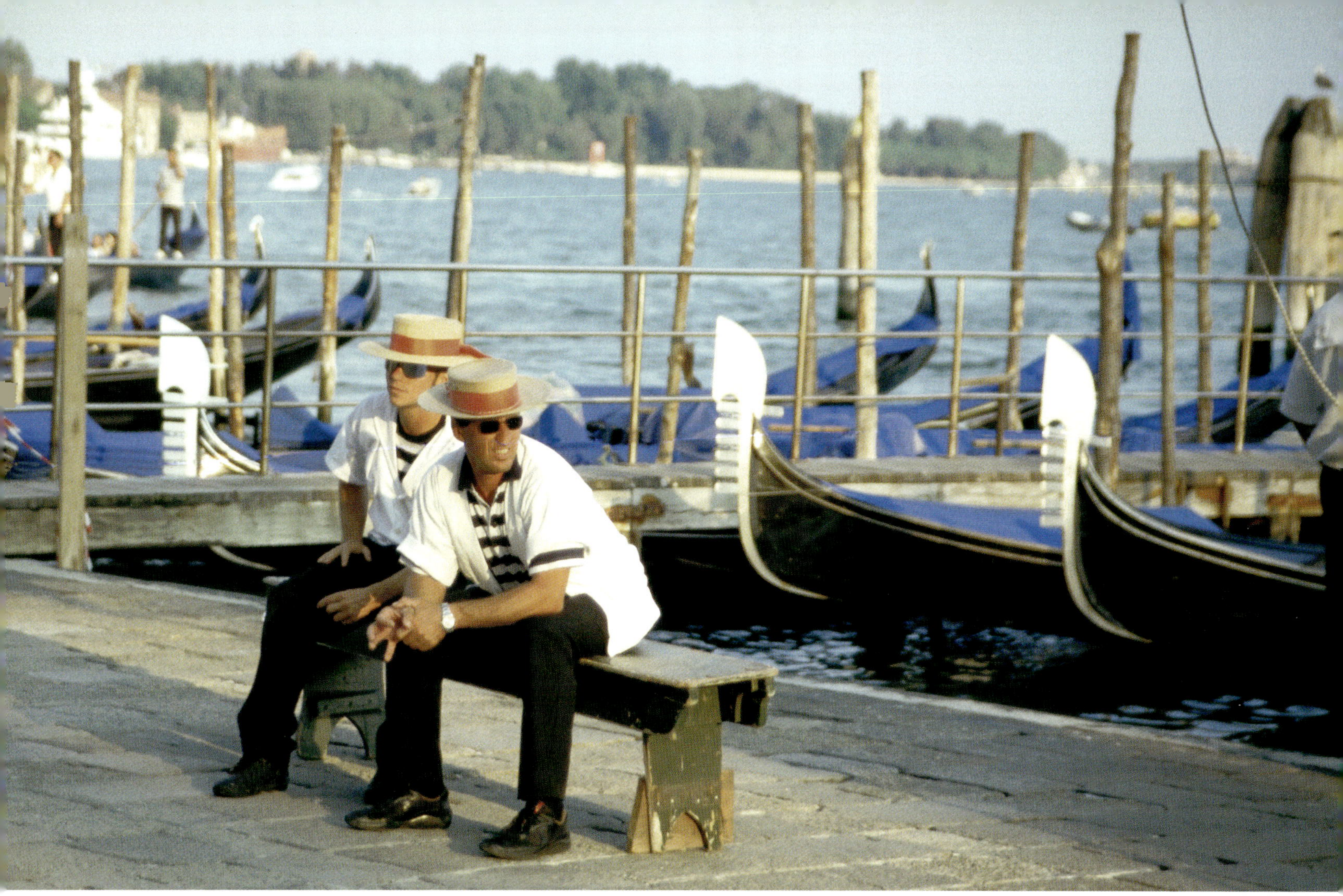

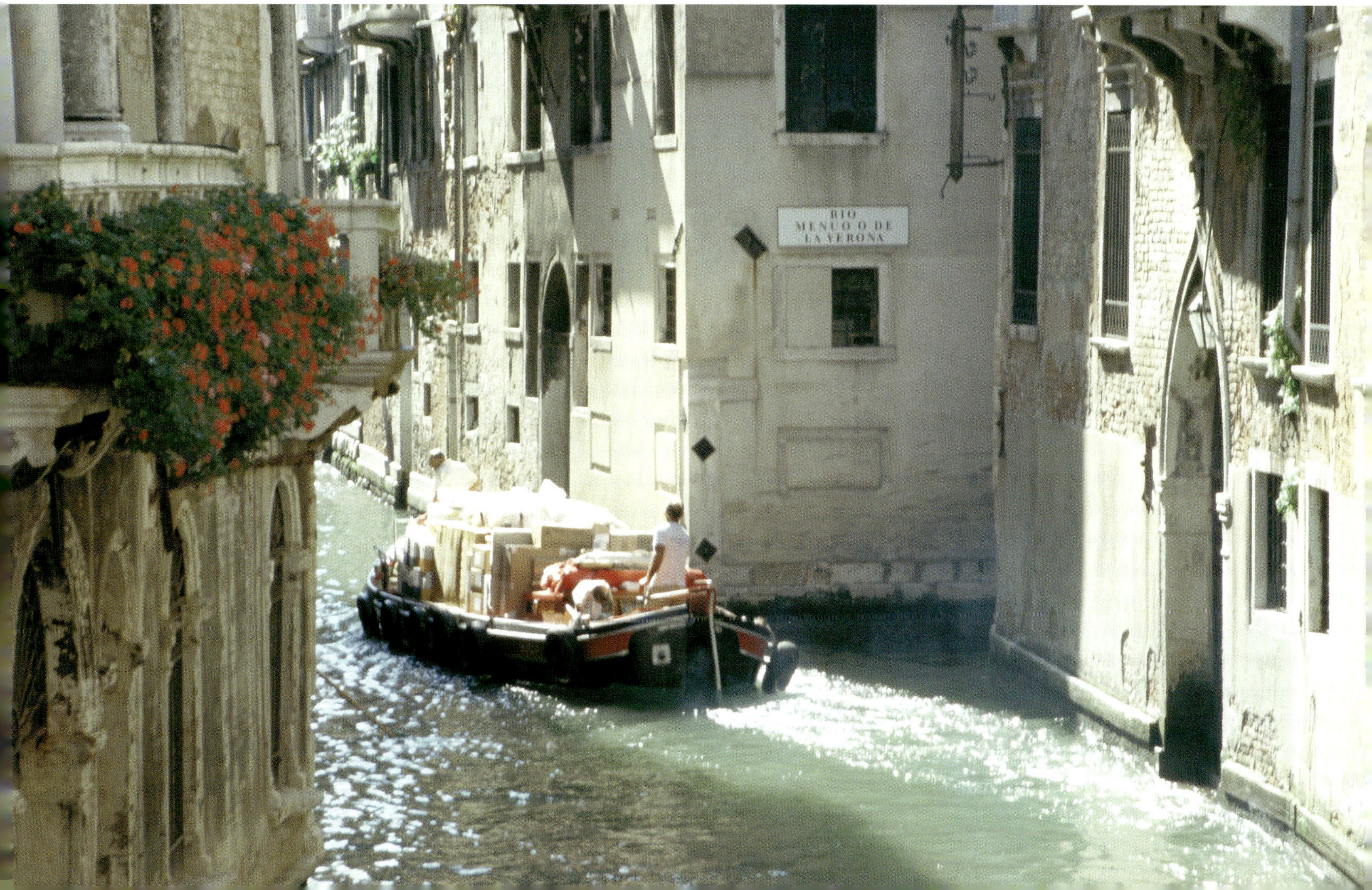
RIO
MENUO O DE
LA VERONA

Venedig und das Veneto –
unerreicht schön, unerreicht gut

Venezia – das weckt Assoziationen an Wasser, schwarze Gondeln und singende Gondolieri, prächtige Paläste und weite Plätze, neblige Herbsttage und das bunte Karnevalstreiben in den Gassen. Venezia – das ist die Stadt der Dogen und der Kanäle, aber auch der *bàcari* (Weinschenken) und *cicheti* (Häppchen), der *risotti* und der *dolci*, die man hier nicht nur im Karneval genießt.

Allein der Name Venedig lässt nicht nur die Herzen der Kunstliebhaber, sondern auch die mancher Feinschmecker höher schlagen, ist doch die Lagune nicht nur reich an Geschichte, Geschichten und bezaubernder Schönheit, sondern auch an Fisch und Meeresfrüchten, die man hier so trefflich zuzubereiten weiß.

Wer schon einmal in aller Ruhe nach Venedig gereist ist, hat auch die *Terraferma*, das Hinterland kennengelernt, hat Padova und Vicenza gesehen, war in Treviso und in den nahen Hügeln des Valdobbiadene, woher der prickelnde Prosecco stammt, zu Gast. Er hat den köstlichen Käse probiert und erfahren, dass man Radicchio nicht nur als Salat essen kann, hat Wild mit dampfender Polenta gegessen und vielleicht auch eines der köstlichen Gänse- und Entenrezepte kennengelernt.

Venedig und sein Hinterland sind reich an kulinarischen Schätzen, die es abseits der Touristenpfade noch immer zu entdecken gibt.

Kleinstadt mit großer Vergangenheit

La Serenissima – die Durchlauchte oder Heitere, wie sich die schöne Stadt in ihrer Blütezeit, der venezianischen Republik, nannte – erlangte schon früh Macht und Einfluss.

Die *Laguna Veneta* umfasst eine Gruppe von ungefähr 120 Inseln, Venedig selbst wurde der Legende nach 421 gegründet und schon ab 697 von Dogen regiert, die nicht eingesetzt, sondern gewählt wurden. Wegen seiner strategisch guten Lage und wohl auch, weil die Dogen die Geschicke der Stadt gut zu lenken wussten, wurde Venedig ab dem Jahr 1000 zur Weltmacht und blieb es über etwa 500 Jahre lang.

Schon im 9. Jahrhundert baute man in Venedig zahlreiche Schiffe, im 11. Jahrhundert wurde das *arsenale*, die riesige Schiffswerft der Lagunenstadt, gegründet, die sowohl Kriegs- als auch Handelsgaleeren baute. Zu ihrer Blütezeit stellte man hier jeden Tag ein Schiff fertig!

Die Stadt wurde zur Seemacht – im 14. Jahrhundert waren um die 16 000 *arsenalotti* im Schiffbau tätig – und kontrollierte den Handel mit Byzanz und dem Orient. Vor allem die wertvollen und begehrten Gewürze kamen nun im Hafen von Venedig an. Pfeffer, Zimt, Nelken, Ingwer, Safran, Muskatnuss und Vanille wurden im Orient eingekauft und in Europa mit hohem Gewinn an den Mann gebracht. Aber auch unbekannte Gemüse wie Auberginen und Spinat fanden den Weg übers Meer und bereicherten die Küche der Lagunenstadt ebenso wie Pinienkerne, Mandeln und Rosinen, die man noch heute in vielen Gerichten der Stadt entdecken kann.

Kaffee und Zucker erreichten uns über Venedig, das erste *caffè* wurde hier eröffnet und das Marzipan erfunden. In den damals so genannten *botteghe del caffè* trafen sich die Reichen der Stadt, während Arbeiter und Händler in den Schenken, die *malvasie*, *magazeni* und *bastioni* hießen, weiter ihren Wein tranken.

Mit den würzenden Zutaten aus fernen Ländern kamen auch fremde Händler und Seeleute in die Stadt. Venedig empfing sie mit offenen Armen, Ausländer durften ihre Bräuche auf ausdrücklichen Wunsch der Dogen zumindest zum Teil beibehalten. Die Venezianer dagegen lernten auf ihren Reisen fremde Essgewohnheiten, Zutaten und Menschen kennen, die sie ebenfalls beeinflussten. Und noch etwas fand über Venedig den Weg nach Europa: im 11. Jahrhundert brachte eine Prinzessin aus Byzanz, die mit einem venezianischen Dogen verheiratet werden sollte, das Besteck und damit eine vornehmere Esskultur aus ihrer Heimat mit.

Von der See- zur Territorialmacht

Im 15. Jahrhundert dehnte Venedig seine Macht auch auf das Hinterland, die *Terraferma* aus. Zahlreiche Kanäle wurden angelegt oder erweitert, um die Versorgung der Lagunenstadt mit Holz aus den Bergen und anderen Gütern aus den Städten des Hinterlandes zu sichern. Auf diesen Wegen brachten die Menschen venezianische Spezialitäten ins Hinterland, andere kamen von dort zurück in die Stadt.

Erst als der portugiesische Seefahrer Vasco da Gama 1498 den Seeweg nach Indien entdeckte, bekam die Seemacht Venedig Konkurrenz und verlor ihre herausragende Stellung ganz allmählich.

Napoleon war es schließlich, der 1797 die Republik Venedig auflöste, ein Jahr später besetzten die Österreicher die Stadt und blieben viele Jahre. Sie haben ihr Erbe im *spritz*, dem beliebten Aperitif aus Wein, Wasser und Aperol ebenso hinterlassen wie in den Bäckereien der Stadt. Noch heute findet man dort *kipferl* und *strudel*. Erst seit 1866 gehört Venedig zum Königreich Italien und entwickelte sich im Laufe der Zeit zu einer politisch unbedeutenden Kleinstadt.

Eine Küche, die das Schlichte liebt

Bei dieser bewegten Geschichte und dem Reichtum, der über Venedig aus aller Herren Länder nach Europa kam, verwundert es fast ein bisschen, dass die Küche der Stadt eher einfach ist, manchmal sogar deftig, und dass die Gewürze nicht so verschwenderisch verwendet werden, wie man das bei dem regen Handel mit dieser wertvollen Ware vermuten könnte.

Die Venezianer haben sich zwar durchaus von fremden Küchen beeinflussen lassen und Kombinationen wie die von süß und sauer fest in ihr kulinarisches Repertoire aufgenommen, in erster Linie sind sie aber einem Prinzip treu geblieben, das die italienische Küche überall im Land so köstlich macht: Sie lieben eine einfache, aber gute Küche, deren Reiz nicht in der aufwändigen und raffinierten Zusammenstellung liegt, sondern in der Verwendung erstklassiger Zutaten – hier kommen sie noch immer aus der Lagune, der Adria und von den umliegenden Inseln wie der Gemüseinsel Sant'Erasmo, aber auch, wie schon in früheren Zeiten, aus dem Hinterland.

Im schlichten, aber kräuterwürzigen Sud serviert, schmecken beispielsweise nur die frischesten Muscheln wirklich gut, lassen dann aber auch keine weitere Zutat vermissen. Im körnigen Reis geschmort, schmecken die frühlingszarten

Erbsen noch mal so gut, mit ein paar Streifen Radicchio bestreut, wird die einfachste Bohnensuppe zum kulinarischen Höhepunkt und bei einem Glas Wein lässt man sich die vielen feinen Kleinigkeiten, die die Venezianer so lieben, gerne schmecken.

Da die auf einer Insel erbaute Stadt inmitten der Lagune steht und an der fischreichen Adria liegt, nimmt es nicht wunder, dass einst wie heute Fisch und Meeresfrüchte im venezianischen Menü im Mittelpunkt stehen. Man genießt sie als *cicheti* und als *antipasti*, als *primi* mit Pasta oder im Risotto und auch die Hauptgerichte stellen den Fisch in den Mittelpunkt. Dass dabei niemals Langeweile aufkommen kann, verdankt die Stadt ihrer einzigartigen Lage: die Lagune mit ihren sandigen Gründen ist ideale Heimat für Muscheln, Krebse und Co., aber auch für Tintenfische und Aale. Aus der Adria kommen zudem St.-Petersfische, Sardinen, Drachenköpfe, Brassen und vieles mehr.

Dass sich gerade in Venedig so viele einfache Gerichte über viele Jahrhunderte bewahrt haben, liegt nicht zuletzt daran, dass die Stadt in ihrer verhältnismäßig isolierten Lage etwas abgeschlossen und die Versorgung mit anderen Lebensmitteln in der Lagunenstadt nicht so einfach war wie auf dem Festland. Man kochte mit den Zutaten, die im Überfluss vorhanden waren – also in erster Linie mit Fisch und Meeresfrüchten, in zweiter mit den Handelsgütern, die die Seemacht aus den fernen Ländern bezog. Eines der ältesten Gerichte der Stadt, die *Bigoli in salsa*, deftige Nudeln mit einer würzigen Sauce aus eingesalzenen Sardellen, geht bis in die Römerzeit zurück. Ein anderes, die *Salsa peverada*, eine würzige Sauce, die man zu Fleisch und Geflügel reicht, bereitet man in der Stadt seit dem Mittelalter zu.

Fragt man heute einen Venezianer, wo man gut essen kann, empfiehlt er vielleicht, mit dem Zug oder dem Auto aufs Festland zu fahren und sich dort eine gute Trattoria zu suchen. Und dass man in Venedig an vielen Orten schlecht essen kann, steht ganz sicher außer Zweifel. Zu viele Touristen besuchen die Stadt und sind mehr an den historischen Bauten und dem Zauber der Stadt interessiert als an ihren kulinarischen Schätzen, wollen zwischendurch nur schnell etwas essen, nehmen sich aber nicht die Zeit für ein ausgiebiges Menü. Doch muss man nur die ausgetretenen Touristenpfade verlassen und sich in den etwas abgelegeneren *sestiere*, wie die Wohngebiete hier heißen, nach einem Lokal umsehen, um doch noch auf die Spezialitäten der Lagunenstadt zu stoßen und sie in aller Ruhe genießen zu können.

Vom Antipasto bis zu den Dolci

Wie überall in Italien gönnt man sich auch in Venedig am liebsten ein komplettes Menü. Das *antipasto* wird in der Lagunenstadt ziemlich sicher aus Fisch oder Meeresfrüchten zubereitet. Die Venezianer lieben rohe Meeresfrüchte wie *datteri di mare* oder essen zum Auftakt einen kleinen Salat aus gegartem Fisch oder Meeresfrüchten. Eine besondere Spezialität ist Seespinne, *granseola*, die man kocht und am liebsten nur mit etwas Zitronensaft, Petersilie und Olivenöl genießt. Einzige Ausnahme: *Carpaccio*, das zwar noch keine wirklich lange Tradition hat, aber wie Harry's Bar, wo das Gericht aus den hauchdünnen rohen Rindfleischscheiben erfunden wurde, doch schon zu den Klassikern der venezianischen Küche gezählt wird. Man serviert es allerdings nicht nur als Vorspeise, sondern auch einmal als Hauptgericht.

Bei den *primi* stehen im Veneto im Gegensatz zu den meisten anderen italienischen Regionen nicht die Nudeln an erster Stelle, sondern der Reis, der in der Region ganz prächtig gedeiht. Getreide hingegen importierte man schon in früherer Zeit aus Apulien und Sizilien. Der Reis wird hier als sämiger Risotto zubereitet, als etwas flüssigerer Riso gegessen oder auch in der Suppe gekocht. Aus dem Hinterland kommt auch bei den *primi* eine große Ausnahme: *Pasta e fagioli* ist eine dickflüssige Suppe aus Borlottibohnen mit frisch gekochten Nudeln.

Das Hauptgericht bestreitet man in Venedig am liebsten mit Fisch, im Herbst bekommt er allerdings schon einmal

Konkurrenz von einer Wildente oder anderem Wild von den nahen Laguneninseln und dem Hinterland. In der *Terraferma* liebt man Geflügel und Schweinefleisch oder auch einmal die schmackhaften Fische aus den Flüssen. Doch egal ob Fisch oder Fleisch, fast immer gibt es dazu Polenta, mal als ziemlich fester Brei serviert, mal nach dem Erkalten in Scheiben geschnitten und gebraten.

Am lebendigsten ist die kulinarische Tradition der Stadt noch immer in den *bàcari*, den meist kleinen Weinschenken, in denen die Bewohner der Stadt sich im Stehen ein paar Kleinigkeiten schmecken lassen, während sie ein Glas Wein trinken und sich mit den anderen Gästen über die interessantesten Neuigkeiten austauschen. Die ersten *bàcari* sind vermutlich rund um den Rialto entstanden. Hier konnten die Marktleute nach der Arbeit Kraft tanken und sich im Winter auch einmal zwischendurch aufwärmen. Noch heute findet man rund um den sehenswerten Markt die ursprünglichsten und schönsten *bàcari* der Stadt. Hier treffen Marktarbeiter auf Bankangestellte, Einheimische auf Touristen und Italiener, die nur zum Arbeiten in die Stadt kommen. Hier trinkt man ein einfaches, aber gutes Gläschen Wein und erhält eine alte Tradition am Leben: den *giro di ombre*. Den so genannten „Rundgang im Schatten" macht der Venezianer von einem *bàcaro* zum nächsten, der Rundgang führt ihn von einem Glas Wein zu einem zweiten oder auch dritten. Der Ausdruck *ombra* (Schatten) geht darauf zurück, dass man das Gläschen in früheren Zeiten auch einmal auf einer Piazza der Stadt im Freien zu sich nahm. Und damit der Wein im Fässchen nicht warm wurde, zogen die Weinhändler mit ihren Karren immer dem Schatten hinterher, den der Kirchturm warf oder auch eine Häuserfront.

Übrigens bestellt man sich dazu zwar immer ein paar Kleinigkeiten, damit der Wein nicht zu stark und zu rasch zu Kopf steigt, aber man isst sich nicht satt.

Prima Materia vom Feinsten

Die Venezianer sind stolz auf ihre Produkte. Egal, ob es sich dabei um Fische oder Meeresfrüchte, um Artischocken oder Radicchio handelt: Ziert die Kisten auf dem Markt der Beiname *nostrani*, werden sie diesen einheimischen Köstlichkeiten wohl immer den Vorzug geben.

Die Küche des Hinterlandes ist im Gegensatz zu derjenigen der Lagunenstadt ursprünglich eine bäuerliche Küche. Polenta, Reis, Bohnen und Salami sind ihre Grundpfeiler. Obwohl sie heute zum Küchenalltag der Region gehören, sind Polenta, Reis und Bohnen ebenso wie die Gewürze und

der Kaffee aus fremden Ländern nach Venedig gekommen. Der Mais für die Polenta stammt aus Südamerika, der Reis aus China und die Bohnen aus Afrika.

Mais wurde übrigens anfangs auf dem Land nicht unbedingt mit offenen Armen aufgenommen. Wie vielem anderen standen ihm die Bauern eher skeptisch gegenüber und nannten ihn deshalb auch *granoturco*, Türkenkorn. Vieles, das den Menschen fremd erschien, erhielt in früheren Zeiten den Beinamen *turco*. Allerdings dauerte es nicht lange, bis die Venezianer erkannten, dass das goldene Korn sich viel besser eignete, um einen würzigen und sättigenden Brei zuzubereiten als das Getreide – meist Gerste, manchmal auch Buchweizen –, das sie bisher dafür verwendet hatten und außerdem angenehm satt machte.

Carlo Goldoni lässt Rosaura in der Komödie „Das wackere Mädchen" von „dem Staube, der also schön wie Gold aussieht und gelbes Mehl genannt wird ..." sprechen.

Und die *Terraferma* hat auch echte Spezialitäten zu bieten. So wächst in der Provinz Verona der *Vialone nano*, einer der besten Risottoreis-Sorten Italiens. Obst und Gemüse gedeihen in den fruchtbaren Ebenen besonders gut und so findet man im Veneto nicht nur den so beliebten Radicchio in vielen Variationen, sondern auch den besten und nahezu einzigen weißen Spargel Italiens sowie eine besondere Kürbisart. Hier ist genügend Platz für Viehweiden und so kom-

men aus dem Hinterland und vor allem natürlich von den saftigen Weiden des Alpenvorlandes nicht nur die besten Fleischgerichte, sondern auch vorzügliche Käsesorten. Die Wälder schenken den Bewohnern zahlreiche Pilze, aber auch Wild. Und auf den Feldern gedeiht vor allem Mais, der die im Veneto so beliebte Polenta liefert.

Ebenfalls ein Einwanderer und im Hinterland wie in der Lagunenstadt gleichermaßen beliebt ist der Stockfisch. Er kommt heute aus Norwegen und wurde schon früh gegen das Salz der Adria eingetauscht. Man findet ihn in traditionellen Trattorien auch heute noch auf der Speisekarte, sei es als feine Paste – *baccalà mantecato*, die man auf Brot oder mit Polenta isst – oder auch in Stücken in einer feinen Sauce geschmort und mit gebratenen Polentaschnitten aufgetischt.

Dieses Buch stellt die wichtigsten traditionellen Gerichte Venedigs wie des Hinterlandes vor und musste dabei nur auf ganz wenige Rezepte verzichten, da sie außerhalb des Veneto nur schwer oder gar nicht nachzukochen sind.

Beim Essen und Genießen lernen Sie die traumhaft schöne Stadt und ihre Bewohner von einst und heute noch ein bisschen besser kennen, erfahren etwas über ihre Vorlieben und die Zutaten, die der Serenissima und ihrer Küche zu Berühmtheit in der ganzen Welt verholfen haben.

Viel Spaß dabei und *buon appetito*!

Die Weine des Veneto

Wo gut gegessen wird, schätzt man auch den Wein. Kein Wunder also, dass die *bàcari* (Weinschenken) Venedigs wie auch die anderer Städte des Veneto oft eine große Auswahl an offenen Weinen, aber auch an ausgesuchten Flaschen anzubieten haben. Die kommen in der Regel nicht nur aus dem Veneto selbst, sondern auch aus dem nahen Friaul, wo besonders gute Weine – vor allem Weiße – gedeihen.

Beide Regionen zusammen verfügen über eine enorme Menge an Weingärten, zum Teil in der Ebene und zum Teil an den Hügeln und Berghängen gelegen. Die Ausbeute ist daher nicht nur groß, sondern vor allem auch vielfältig. Die besten Weine kommen nicht aus der Ebene, sondern von den Ausläufern der hohen Berge oder den Hochebenen der Region. Im Veneto wird übrigens nicht nur sehr viel, sondern vor allem auch sehr viel DOC-Wein produziert. DOC bedeutet *denominazione di origine controllata* und ist eine staatlich verliehene Produktions- und Herkunftsgarantie.

Wie überall in Italien werden natürlich auch im Veneto internationale Rebsorten wie **Chardonnay** oder **Cabernet Sauvignon** hergestellt, die sind aber von Produzent zu Produzent so verschieden, dass wir sie hier nicht aufgenommen haben. Stattdessen finden Sie eine Auswahl der wichtigsten regionaltypischen Weine mit kurzen Porträts und Tipps, wozu man sie am besten trinkt.

Die Weißen

Zur Fischküche der Lagune passen trockene Weißweine einfach am besten. Außerdem werden sie als Aperitif ebenso genossen wie zu den feinen Kleinigkeiten, den *cicheti*, die man in den Weinschenken serviert bekommt.

Bianco di Custoza

Dieser Weißwein gedeiht in der gleichen Region wie der Bardolino, in der Nähe des Gardasees. Das Anbaugebiet liegt allerdings noch etwas weiter südlich. Durch den nahen See ist das Klima mild. Der Weißwein wird aus den Rebsorten Trebbiano, Garganega und Tocai gekeltert und ist in der Regel ein einfacher Wein, den man als Aperitif und zu milden Fischgerichten serviert, er kann aber von guten Produzenten geschmacklich auch durchaus mit einem guten Soave konkurrieren.

Tocai

Aus dieser Rebsorte werden zwar auch im Veneto Weine gekeltert, Berühmtheit haben aber die Tocais aus dem Friaul erlangt. Die weiße Rebsorte Tocai Friulano ist weder mit dem Tokay aus dem Elsass noch mit dem ungarischen Tokajer verwandt. Aus ihr werden frische Weine mit eigenständiger Persönlichkeit gekeltert, vor allem im Collio und in den Colli Orientali.

Eine Spezialität des Veneto ist der rare Tocai rosso, ein herber Wein mit schön roter Farbe, der vor allem jung gut schmeckt. Man vermutet, dass er mit der roten Cannonau-Rebe verwandt ist.

Soave

Er kommt aus der Gegend östlich von Verona, die Rebe wird sowohl in der flachen Ebene als auch an den Bergen angebaut. Nur im klassischen Hügelgebiet wird der Soave classico gekeltert, da die Trauben in der Ebene nicht so viel Aroma erreichen. Beim Soave ist es daher besonders wichtig, dass man den Wein eines guten Herstellers und vor allem einen Classico kauft.

Aus den Trauben für den Soave wird auch Recioto, ein Süßwein aus getrockneten Trauben, bereitet.

Verduzzo

Man unterscheidet den **Verduzzo Trevigiano**, aus dem einfache Weine ohne besonders feine Nuancen entstehen, und den **Verduzzo Friulano**, eine alte Rebsorte aus dem Friaul. Der trockene Verduzzo wird oft mit dem Trevigiano verschnitten, aus dem Friulano keltert man in den Colli Orientali hingegen reinsortige halbtrockene oder süße Weine aus angetrockneten Trauben.

Prosecco

Nördlich von Venedig liegen die beiden Weinbaugebiete *Valdobbiadene* (Betonung auf dem zweiten a) und *Conegliano*. Von hier kommen die inzwischen bekanntesten Schaumweine Italiens, mit denen in den letzten Jahren viele Partys eröffnet wurden. Zwar gibt es im Friaul einen Ort mit dem Namen Prosecco, doch der Schaumwein wird im Veneto in der Provinz Treviso hergestellt und zwar aus der weißen Prosecco-Rebe, der Prosecco Bianco oder Tondo. Aus ihr wird nicht nur Schaumwein, sondern auch Weißwein ohne Perlen gekeltert.

Der Prosecco wird nach der so genannten Charmatmethode im Tankgärverfahren hergestellt. Dafür wird der Wein wie jeder andere Weißwein gekeltert. Dem fertigen Wein setzt man schließlich Zucker und Hefe zu und füllt ihn in einen Drucktank aus Edelstahl. Durch den Zucker und die Hefe wird eine zweite Gärung in Gang gesetzt, die die Perlen in den Wein treibt. Ist der Vorgang abgeschlossen, sinkt die Hefe zu Boden und der schäumende Wein wird (ebenfalls unter Druck) in Flaschen gefüllt.

Die Schaumweine aus Conegliano sind in der Regel milder und fruchtiger als die von Valdobbiadene, das etwas höher liegt. Die besten Prosecchi kommen aus Cartizze im Valdobbiadene von kalkreichen Lehmböden. Die Schaumweine von dort werden wie die Gegend Cartizze genannt, sie sind oft etwas milder und zeichnen sich durch eine besondere Raffinesse im Geschmack aus.

In Treviso und Umgebung trinkt man Prosecco übrigens nicht nur als Aperitif, sondern auch zum Essen. Vor allem in einfacheren Lokalen wird er dazu nicht nur in der Flasche, sondern besonders gerne im Krug auf den Tisch gestellt.

Die Roten

Zum kräftigen Wild, aber auch zu Schweinefleisch, Huhn oder Kaninchen passen die Rotweine des Veneto ganz ausgezeichnet. Man findet in der Region sowohl milde Weine, die man sogar zu kräftigem Fisch servieren kann, als auch echte *vini da meditazione*, etwa den Amarone.

Bardolino

Der Wein, dessen Trauben an den Ufern des Gardasees gedeihen, ist der leichteste unter den roten Weinen der Region. Er wird aus einer Mischung der einheimischen Rebsorten Corvina, Rondinella und Molinara gekeltert. Bardolino ist ein heller Rotwein, der auch als Rosé unter dem Namen Chiaretto in den Handel kommt. Er erinnert im Ge-

schmack an Kirschen und hat einen leichten Bitterton. Der Bardolino schmeckt zu nicht zu kräftigem Fleisch, am Gardasee reicht man ihn wie den Chiaretto auch einmal zu Fischgerichten wie Schleien oder Forellen.

Valpolicella

Er kommt aus der gleichen Gegend wie der Soave und wird aus den gleichen Trauben hergestellt wie der Bardolino. Allerdings dominiert bei ihm die Corvina, die von Rondinella und Molinara nur unterstützt wird. Der Valpolicella ist meist ebenfalls ein leichter Rotwein und kann wie der Soave eher flach schmecken, wenn er aus der Ebene kommt, aber auch ein frisch-fruchtiger und runder Wein sein, wenn sein Ursprung im Classico-Gebiet, den Hügeln an den Ausläufern der Monte Lessini, liegt.

Der Valpolicella ist wie der Bardolino ein leichter Rotwein, kann aber durch ein besonderes Verfahren mehr Wucht erlangen. Dafür wird der Valpolicella mit der Maische des Amarone ein zweites Mal vergärt. Durch diesen *ripasso* genannten Vorgang bekommt er mehr Aroma.

Amarone

Der Amarone wird aus den gleichen Rebsorten hergestellt wie der Valpolicella – die Auswahl und die Mischung kann von Produzent zu Produzent schwanken –, aber nach einem anderen Verfahren. Bevor der Most gepresst wird, kommen die Trauben auf Matten und werden vorgetrocknet. Dadurch konzentriert sich der Zucker in den Trauben und das Aroma wird voll und rund. Ein Amarone hat einen höheren Alkoholgehalt als ein Valpolicella und im Geschmack kann er an einen reifen Portwein erinnern. Der kräftige Wein braucht auch ein kräftiges Gericht, um es nicht zu dominieren. Gut schmecken Wildgerichte oder andere Fleischgerichte mit kräftigen Saucen und eventuell auch Pilzen. Ein Amarone passt aber auch sehr gut zu Schokoladendesserts und zu einer Käseplatte.

Recioto della Valpolicella

Dieser Süßwein wird im Prinzip wie der Amarone hergestellt. Allerdings lässt man die Trauben noch länger trocknen und die Gärung wird gestoppt, wenn der Recioto einen Alkoholgehalt von mindestens 14 % erreicht hat. Dadurch wird der Zucker nicht ganz abgebaut, der aromatische Wein bleibt also süß.

Er passt wie sein trockener Bruder sehr gut zu Schokolade und zu Käse, vor allem auch zu sehr kräftigen Käsesorten wie Gorgonzola.

Raboso del Piave

Die Rebsorte gedeiht bei Treviso und bei Padua. Dort wird sie auch Friularo genannt. Aus der Raboso-Traube entstehen eigenwillige Rotweine mit viel Tannin und meist auch reichlich Säure, häufig wird sie deshalb mit anderen Sorten verschnitten.

Zwei Weine, die es gar nicht geben darf ...

Weil sie nicht von anerkannten Reben stammen, dürfen **Clinton** und **Fragolino** im Veneto eigentlich gar nicht mehr hergestellt werden. Die *Uva fragola*, die auch als Tafeltraube verkauft wird und tatsächlich einen ausgeprägten Erdbeergeschmack aufweist, ist die Grundlage für den Fragolino, den die Bauern für den Hausgebrauch nach wie vor keltern. Falls Ihnen einmal einer angeboten wird, greifen Sie zu!

Auch der Clinton stammt von einer nicht anerkannten Rebe und erinnert im Geschmack an Erdbeeren, hat aber oft auch einen etwas strengen Ton im Aroma. Es gibt ihn rot, rosé und frizzante, allerdings nur direkt beim Bauern.

Nach dem Essen – Grappa

Aus den Rückständen, die bei der Weinbereitung anfallen, dem *Trester*, stellt man im Friaul und im Veneto seit Jahrhunderten einen Brand her, den Grappa. Im Veneto, in Bassano del Grappa, am Rande des Valsuganatals am Fuße des Monte Grappa gelegen, hat ihn die Familie Nardini 1779 das erste Mal gebrannt. Die feinen Destillate der Nardinis kann man sich in dem hübschen Städtchen noch heute schmecken lassen. Übrigens ist Grappa inzwischen so beliebt, dass es keinesfalls nur noch einen Brand gibt, sondern man zwischen verschiedenen Sorten in unterschiedlichen Qualitätsstufen und Preiskategorien wählen kann. Wichtigster Bestandteil ist natürlich der Trester beziehungsweise die Trauben, aus denen er besteht. Man sagt, eine besonders feine Grappa ergibt Trester aus *Moscato*-(Muskateller)Trauben. Außerdem spielt die Lagerung eine Rolle: Grappe, die im Holzfass gereift sind, bekommen eine angenehm bräunliche Farbe und einen runderen, weicheren Geschmack.

Cicheti e Antipasti
Häppchen und Vorspeisen

Venedig ist anders. Hier geht man nicht nur in die Bar oder ins Ristorante, hier geht man auch in *bàcari*, kleine Weinschenken. Dort trinkt man nicht nur ein Gläschen Wein, sondern isst auch etwas dazu. Eine Kleinigkeit nur, einen Happen. *Cicheti* nennt man diese Begleiter zum Wein. Man holt sich Appetit dabei, isst sich aber nicht satt. Gegessen wird später im Ristorante oder daheim. Und da gibt es natürlich wie überall in Italien ein *antipasto*, mit dem das klassische italienische Menü beginnt. Von beiden finden Sie in diesem Kapitel die besten, die man sich in der Lagunenstadt und den Orten auf dem Festland ausgedacht hat.

Crema di tonno e capperi
Thunfisch-Kapern-Creme

*C*icheti, *die kleinen Happen gegen den kleinen Hunger, sind untrennbar mit einer venezianischen Gewohnheit verbunden: „andar per ombra". Eine* ombra *ist ein kleines Glas Wein – meist handelt es sich dabei um einen einfachen, aber guten Weißen, Roten oder auch einmal einen Rosé – das die Venezianer zwischendurch genießen. Man erzählt sich, dass es in der Serenissima früher zahlreiche Weinverkäufer gab, die mit Wägen durch die Stadt zogen und den Passanten ein Gläschen feilboten. Damit der Wein im Sommer nicht zu warm wurde, wanderten sie auf dem Markusplatz mit dem Schatten (*ombra*) mit, den der Campanile auf den Platz warf. Und wenn der Venezianer nicht nur ein* bàcaro *besucht, sondern sich in verschiedenen ein Gläschen genehmigt, wird schnell ein „giro di ombre" draus. Übrigens gibt es diesen Brauch nicht nur in Venedig. In Treviso nennt man die angenehme Beschäftigung „ombre e ciacole" – ein Gläschen bei einem Tratsch, in Padua nimmt man den Wein nicht mit* cicheti, *sondern mit* sponcion *und in Verona heißt es „andar per goti", auf ein Gläschen gehen.*

FÜR 4 PORTIONEN
1 kleine Dose Thunfisch (Abtropfgewicht 100 g) in Öl oder
im eigenen Saft
2 Sardellenfilets in Öl
1 EL kleine Kapern
3 EL Mayonnaise
1 Spritzer Zitronensaft
Pfeffer · eventuell Salz
8 Scheiben Weißbrot
1 TL Kakaopulver

1 Den Thunfisch abtropfen lassen und fein zerpflücken. Die Sardellenfilets abtropfen lassen und fein hacken, Kapern grob zerkleinern. Thunfisch mit Sardellen, Kapern und Mayonnaise mischen, mit Zitronensaft und Pfeffer abschmecken, eventuell leicht salzen.

2 Die Thunfischcreme dick auf die Brote streichen und leicht mit Kakaopulver bestäuben. Auf einem Teller anrichten und servieren.

Crema di ricotta
Ricottacreme

FÜR 4 PORTIONEN
50 g Walnusskerne
2 Knoblauchzehen
1 Frühlingszwiebel
1 Stängel Petersilie
125 g frischer Ricotta
1 EL Olivenöl
Salz · Pfeffer
8 Scheiben Weißbrot

Zum Garnieren:
ein paar blaue Weintrauben

1 Die Walnusskerne in einer Pfanne ohne Fett kurz rösten, bis sie fein duften. Herausnehmen. Knoblauch schälen, die Frühlingszwiebel waschen und putzen, nur das welke Grün abschneiden. Die Petersilie waschen und trockenschütteln, Blättchen abzupfen. Die Frühlingszwiebel mit dem Knoblauch, den Nüssen und der Petersilie so fein wie möglich hacken.

2 Die Mischung mit dem Ricotta und dem Öl verrühren und mit Salz und Pfeffer würzen. Die Creme dick auf die Brotscheiben streichen. Weintrauben waschen, halbieren und die Kerne mit der Messerspitze herauslösen. Brote damit garnieren und servieren.

Tipp: In der Regel werden die Cremes auf dünnen Scheiben Weißbrot angerichtet, etwa so groß wie Baguettescheiben und ungetoastet. Wer sie knuspriger lieber mag, kann sie aber auch gut im Backofen oder im Toaster rösten.

Crema di rucola e salmone
Rucolacreme mit Lachs

1 Den Rucola verlesen, waschen und trockenschütteln. Die Blättchen fein hacken und im Mixer mit Parmesan, Ricotta und Mascarpone fein pürieren. Die Creme mit Salz und Pfeffer abschmecken.
2 Die Lachsscheiben halbieren. Die Frühlingszwiebel waschen, putzen und das Grün in feine Ringe schneiden, den Rest anderweitig verwenden.
3 Die Brotscheiben mit Rucolacreme bestreichen und jeweils mit einer halben Lachsscheibe belegen. Mit Zwiebelgrün garnieren und servieren.

FÜR 4 PORTIONEN
1 kleines Bund Rucola
2 EL frisch geriebener Parmesan
100 g Ricotta
50 g Mascarpone
Salz · Pfeffer
4 dünne Scheiben Räucherlachs
1 Frühlingszwiebel
8 Scheiben Weißbrot

Radicchio mantecato
Radicchiocreme

Ein Rezept aus Treviso, wo man Radicchio in allen nur erdenklichen Variationen zubereitet. Kein Wunder, schmeckt er doch so wunderbar würzig und leicht herb, dass er den Gerichten ein ganz besonderes Aroma verleiht.

1 Den Radicchio von den äußeren welken Blättern befreien, waschen, trocknen und klein schneiden. Sardellenfilet abtropfen lassen und mit dem Schinken würfeln.
2 Radicchio mit Sardellen- und Schinkenwürfeln sowie Mascarpone im Mixer fein pürieren.
3 Die Zitrone heiß waschen und abtrocknen, ein Stück Schale dünn abschneiden und fein hacken, den Saft auspressen. Die Oliven fein hacken.
4 Radicchiocreme mit der Zitronenschale und etwa 1 EL Saft sowie den Oliven verrühren und mit Salz und Pfeffer abschmecken. Auf gerösteten Brotscheiben servieren.

FÜR 4 PORTIONEN
150 g Radicchio di Treviso
1 Sardellenfilet in Öl
50 g gekochter Schinken
100 g Mascarpone
½ unbehandelte Zitrone
1 EL entsteinte grüne Oliven
Salz · Pfeffer
8 Scheiben Weißbrot

Cicheti e Antipasti / Häppchen und Vorspeisen 21

Insalata di sarde e fasioi
Sardinensalat mit weißen Bohnen

FÜR 4 PORTIONEN
500 g frische Sardinen
Salz · Pfeffer
2 EL Zitronensaft
6 EL Olivenöl
1 weiße Zwiebel · 1 Tomate
2 EL Weißwein- oder
Proseccoessig
1 Prise frisch geriebene
Muskatnuss
1 Dose gegarte weiße Bohnen
(250 g Abtropfgewicht)
2 EL schwarze Oliven

Zum Garnieren:
Basilikumblättchen

In der Lagune gibt es die unterschiedlichsten Muscheln, Meeresfrüchte und Fische. Dazu kommt das reiche Angebot aus dem adriatischen Meer. Kein Wunder, dass Fisch hier nicht nur als Hauptgericht auf den Tisch kommt.

1 Die Sardinenköpfe abschneiden. Die Fische am Bauch aufschneiden, auseinander klappen, die Mittelgräte anheben und abziehen. Die Sardinen waschen, trockentupfen und mit Salz und Pfeffer würzen. Mit dem Zitronensaft beträufeln. In einer Pfanne 2 EL Öl erhitzen und die Sardinen darin bei mittlerer Hitze pro Seite etwa 2 Minuten braten. Aus der Pfanne nehmen, die Sardinen abkühlen lassen, dann in mundgerechte Stücke zerpflücken.

2 Die Zwiebel schälen, in feine Ringe schneiden und salzen. Die Tomate waschen, trocknen und in kleine Würfel schneiden. Für das Dressing den Essig mit Salz, Pfeffer und Muskat verrühren, das restliche Öl unterschlagen.

3 Die Bohnen in einem Sieb kalt abspülen und gut abtropfen lassen. Oliven ebenfalls abtropfen lassen. Sardinen, Bohnen, Tomate, Zwiebel und Oliven locker mit dem Dressing mischen, abschmecken und mit Basilikumblättchen garniert servieren.

Polipetti in insalata
Salat aus kleinen Kraken

FÜR 4 PORTIONEN
600 g Minikraken
1 unbehandelte Zitrone
2 Lorbeerblätter
1 TL Pfefferkörner · Salz
das Helle von 1 Selleriestange
ein paar Stängel Petersilie
4 EL Olivenöl

Außerdem:
Zahnstocher zum Aufpicken

1 Die kleinen Kraken waschen und abtropfen lassen. Die Zitrone heiß waschen und eine Hälfte in dünne Scheiben schneiden.

2 In einem Topf etwa 1 l Wasser mit den Zitronenscheiben, den Lorbeerblättern und den Pfefferkörnern mischen, leicht salzen. Die Mischung zum Kochen bringen, die Kraken hineingeben und 15–20 Minuten darin leicht köcheln lassen, bis sie weich sind. Abtropfen und lauwarm abkühlen lassen.

3 Das Selleriestück waschen, putzen und in sehr kleine Würfel schneiden. Die Petersilie waschen, trockenschwenken und die Blättchen fein hacken. Die übrige Zitronenhälfte auspressen, 2 EL Saft mit dem Olivenöl und Salz verrühren. Sellerie und Petersilie untermischen. Sauce mit den Minikraken mischen und alles in Schälchen verteilen. Mit Zahnstochern zum Aufpicken servieren.

Tramezzini ai gamberi
Garnelen-Sandwiches

Commissario Guido Brunetti, den Donna Leon in ihren Krimis durch Venedigs Gassen schickt, um die abscheulichsten Verbrechen aufzuklären, ist ein gebildeter Mann, der außer auf professionelle Arbeit viel Wert darauf legt, gut zu essen und zu trinken. Deshalb lässt er sich nicht nur auf der Dachterrasse seiner Wohnung von den Kochkünsten seiner Frau Paola verwöhnen, sondern denkt auch auf der Suche nach den Verbrechern gelegentlich ans leibliche Wohl. Gerne geht er in eine Bar oder in ein bàcaro *und trinkt ein Gläschen Wein. Nicht selten gibt es dazu ein oder zwei* tramezzini.

Außer den traditionellen Belägen, die Sie hier finden, kann man in Venedig inzwischen auch außergewöhnliche Kombinationen kosten. So ist auch mal Curry in der Paste, steckt scharfer Käse zwischen den Brotscheiben oder gegrilltes Gemüse vereint sich mit Garnelen. Übrigens ist man sich darüber einig, dass das Brot nur dazu dient, die Creme oder den Belag zusammenzuhalten. Daher ist es gerade recht, dass es blass und eher geschmacklos ist.

FÜR 4 PORTIONEN
1 zarte Stange Sellerie mit Grün
1 Stück Gurke (etwa 100 g)
½ Bund Basilikum
250 g gegarte geschälte Garnelen
100 g Mayonnaise
Salz · Pfeffer
4–8 Blätter Romanasalat
8 Scheiben Sandwichbrot

Außerdem:
Zahnstocher oder Spießchen
zum Aufpicken

1 Sellerie waschen, putzen und mit dem zarten Grün in sehr feine Würfel schneiden. Gurke schälen, längs halbieren und die Kerne mit einem Teelöffel herauskratzen. Basilikumblättchen abzupfen und in feine Streifen schneiden. Garnelen abtropfen lassen und würfeln.
2 Sellerie, Gurke, Basilikum und Garnelen mit Mayonnaise mischen und mit Salz und Pfeffer abschmecken. Romanasalat waschen, trockenschütteln und die dicken Blattrippen flach schneiden. Die Salatblätter in Größe der Brotscheiben zuschneiden.
3 Die Hälfte der Brotscheiben mit 1 bis 2 Salatblättern belegen, dick mit Garnelenmischung bestreichen und mit den übrigen Brotscheiben bedecken. Leicht andrücken und in Würfel schneiden. Je 1 Zahnstocher oder Spießchen hineinstecken und auf einer Platte anrichten.

Tramezzini prosciutto e rucola
Schinken-Rucola-Sandwiches

FÜR 4 PORTIONEN
1 unbehandelte Zitrone
1 EL Kapern
100 g Mascarpone
2 EL Sahne
Salz · Pfeffer
1 Bund Rucola
1 Tomate
8 dünne Scheiben luftgetrockneter Schinken (z. B. San Daniele)
8 Scheiben Sandwichbrot

1 Die Zitrone heiß waschen und die Schale fein abreiben. Die Kapern fein hacken und mit Mascarpone, Zitronenschale und Sahne glatt rühren. Mit Salz und Pfeffer abschmecken.
2 Den Rucola verlesen und von den harten Stielen befreien. Waschen und die Blätter gut trockenschwenken. Die Tomate waschen, trocknen und in dünne Scheiben schneiden.
3 Die Hälfte der Sandwichbrotscheiben mit der Mascarponecreme bestreichen und mit Rucola und Schinken belegen. Die Tomatenscheiben darauf verteilen. Die übrigen Brotscheiben auflegen, leicht andrücken und die Tramezzini diagonal durchschneiden. Auf einer Platte anrichten.

Tramezzini al tonno
Thunfisch-Sandwiches

1 Den Thunfisch abtropfen lassen und mit der Mayonnaise grob pürieren. Mascarpone mit Zitronensaft und Kapern untermischen und die Masse mit Salz und Pfeffer abschmecken.
2 Salatblätter waschen und trockenschwenken, dicke Blattrippen flach schneiden. Die Tomate waschen und in sehr dünne Scheiben schneiden.
3 Die Hälfte der Sandwichbrote mit je 1 Salatblatt und ein paar Tomatenscheiben belegen und dick mit Thunfischcreme bestreichen. Die restlichen Brotscheiben auflegen und leicht andrücken. Die Tramezzini diagonal durchschneiden.

FÜR 4 PORTIONEN
2 Dosen Thunfisch im eigenen Saft (Abtropfgewicht je 150 g)
2 EL Mayonnaise
3 EL Mascarpone
2–3 TL Zitronensaft
1 EL kleine Kapern
Salz · Pfeffer
4 Kopfsalat- oder Radicchioblätter
1 Tomate
8 Scheiben Sandwichbrot

Tramezzini vegetariani
Vegetarische Sandwiches

1 Die Zucchini waschen und putzen, der Länge nach in etwa $\frac{1}{2}$ cm dicke Scheiben schneiden und in eine feuerfeste Form geben. Mit Salz und Pfeffer würzen und mit dem Olivenöl beträufeln. Den Backofengrill anheizen und die Zucchinischeiben unter den heißen Grillschlangen (etwa 10 cm Abstand) etwa 8 Minuten grillen, bis sie schön gebräunt sind. Abkühlen lassen.
2 Inzwischen die Artischockenherzen abtropfen lassen und in Stücke schneiden, mit Ricotta und Mascarpone fein pürieren. Die Petersilie waschen und trockenschwenken, die Blättchen abzupfen und fein hacken. Das Artischockenpüree mit der Petersilie verrühren und mit Salz und Pfeffer abschmecken. Die getrockneten Tomaten abtropfen lassen und in Streifen schneiden.
3 Die Hälfte der Sandwichbrotscheiben mit den Zucchinischeiben belegen und dick mit Artischockencreme bestreichen. Mit den Tomatenstreifen belegen, die restlichen Brotscheiben auflegen und leicht andrücken. Die Tramezzini diagonal durchschneiden.

FÜR 4 PORTIONEN
2 Zucchini (etwa 400 g)
Salz · Pfeffer
4 EL Olivenöl
150 g eingelegte Artischockenherzen
150 g Ricotta
1 EL Mascarpone
$\frac{1}{2}$ Bund Petersilie
8 getrocknete, in Öl eingelegte Tomaten
8 Scheiben Sandwichbrot

Rohes Rindfleisch à la Harry's Bar

*D*as berühmteste Gericht aus „Harry's Bar" hat Giuseppe Cipriani 1950 für eine Stammkundin – die Contessa Amalia Nani Mocenigo – erfunden, deren Arzt ihr den Genuss von gekochtem Fleisch verboten hatte. Um nicht auf ein gutes Essen verzichten zu müssen, bat sie Signore Cipriani um Hilfe und er erfand in Windeseile diese köstliche Kreation. Der Name der gehaltvollen Vorspeise, die durchaus auch als Hauptgericht serviert werden kann, geht auf den venezianischen Renaissancemaler Vittore Carpaccio zurück, dessen Werke zu dieser Zeit in einer großen Ausstellung gezeigt wurden. Das Kunstwerk auf Ciprianis Teller erinnerte in der Farbgebung an die Bilder Carpaccios, der für seine ausgewogenen Rot- und Weißtöne berühmt war.

Inzwischen ist das Carpaccio auf der ganzen Welt bekannt, in zahlreichen Restaurants ist nicht nur der Klassiker im Angebot, sondern viele Varianten, sei es ebenfalls mit Rindfleisch, aber mit anderen Saucen oder Beilagen, mit frischem oder geräuchertem Fisch oder mit Gemüse und Pilzen.

Übrigens wird das Fleisch in Harry's Bar nicht angefroren, sondern nur gut gekühlt. Wer eine Aufschnittmaschine hat oder ein sehr scharfes Messer, kann es versuchen, allen anderen empfehlen wir die hier genannte Methode.

Harry's Bar wurde 1931 gegründet, der Name geht auf den damaligen Miteigentümer Harry Pickering zurück. Hier gingen und gehen Berühmtheiten aus der ganzen Welt ein und aus und lassen sich mit den Klassikern des Restaurants verwöhnen. Als Aperitif gibt es nach Wunsch einen Bellini, *den* ebenfalls Giuseppe Cipriani erfunden hat. Er besteht aus dem Püree weißer Pfirsiche und Prosecco. Auch für diese Kreation ließ sich der Erfinder von einem Maler inspirieren, von Giovanni Bellini.

FÜR 6 PORTIONEN
400 g Rinderfilet oder -lende

Für die Sauce:
1 sehr frisches Eigelb
1 TL Weißweinessig
1 TL Senfpulver · Salz · Pfeffer
⅛ l Sonnenblumenöl oder anderes nicht zu kräftiges Öl
1 EL Worcestershiresauce
1 EL Zitronensaft
1 EL Cognac · 2–3 EL Sahne

1 Das Rindfleisch schon vom Metzger gut parieren, also säubern lassen. In Klarsichtfolie wickeln und für etwa 1 Stunde ins Gefrierfach legen.

2 Inzwischen für die Sauce das Eigelb mit dem Essig, dem Senfpulver, Salz und Pfeffer cremig aufschlagen. Das Öl tropfenweise unterschlagen, bis eine sämige Mayonnaise entstanden ist. Die Mayonnaise mit der Worcestershiresauce, dem Zitronensaft, dem Cognac und der Sahne verrühren und mit Salz und Pfeffer abschmecken.

3 Das Fleisch aus der Folie wickeln und mit einem sehr scharfen Messer, noch besser mit einer Aufschnittmaschine, in hauchdünne Scheiben schneiden. Die Scheiben leicht überlappend auf Tellern auslegen.

4 Einen Teil der Sauce in einem hübschen Muster auf den Fleischscheiben verteilen. Den Rest in ein Schälchen füllen und separat dazu reichen.

BEILAGE: Knuspriges Weißbrot

Varianten: Das Carpaccio schmeckt auch ohne die Sauce gut. Versuchen Sie diese Varianten:

▮ Teller mit Olivenöl ausstreichen, die Rindfleischscheiben darauf anrichten und mit Olivenöl beträufeln. Mit Parmesanspänen bestreuen, pfeffern und servieren.

▮ Teller mit Olivenöl ausstreichen und mit Rucolablättern auslegen. Rindfleisch darauf verteilen und mit Olivenöl beträufeln. Rohe Champignons in hauchdünnen Scheiben mit Parmesanspänen darauf anrichten.

▮ Teller mit Olivenöl ausstreichen, Rindfleisch darauf geben. Kleine zarte Artischocken putzen und in hauchdünne Scheiben schneiden. Mit etwas Zitronensaft und Olivenöl mischen, abschmecken und auf dem Fleisch verteilen.

Radicchio marinato

Marinierter Radicchio

Im 14. und 15. Jahrhundert dehnte sich Venedigs Macht auch auf das Festland, die so genannte Terraferma *aus. Die Verbindung bildeten natürliche und künstliche Kanäle, durch die sich die Lagunenstadt mit Holz aus den Bergen (Belluno) und mit Getreide und Gemüse aus den anderen Gebieten versorgte. Aus Treviso und dem nahe gelegenen Castelfranco wie auch aus Chioggia kam und kommt Radicchio, den es dort nicht nur in einer Version gibt.*

Der Radicchio di Treviso *ist rot und länglich. Und auch da unterscheidet man noch zwei Sorten: Der* Radicchio di Treviso rosso tardivo *hat schmale gebogene Blätter mit kräftigen weißen Rippen. Die Blätter sind schön locker und bilden keinen geschlossenen Kopf. Der* Radicchio di Treviso rosso precoce *dagegen bildet einen länglichen geschlossenen festen Kopf aus und hat breitere Blätter, die von feinen weißen Adern durchzogen sind. Beide Sorten sind besonders knackig.*

Der runde Radicchio, der bei uns hauptsächlich im Angebot ist, kommt aus Chioggia, der kleinen reizvollen Stadt am südlichen Ende der Lagune. Er hat einen kompakten runden Kopf und kräftig rote Blätter mit weißen Adern. Er wird in Italien Radicchio di Chioggia *genannt.*

Ebenfalls rund, aber hellgrün mit rötlichen Tupfen und Sprenkeln ist der Radicchio di Castelfranco. *Er bildet einen eher lockeren, nicht sehr kompakten Kopf aus. Er wird weniger angebaut als die anderen Sorten und ist daher bei uns nur selten im Angebot.*

Übrigens ist der Winter Radicchiozeit. Die Hauptsaison beginnt im Dezember und endet etwa im April und wird vor allem zu Anfang mit zahlreichen Festen begangen. Nur der runde rote Radicchio aus Chioggia wird das ganze Jahr über angebaut und gehandelt.

Radicchio wird in Venedig und der Terraferma auch als Salat gegessen, viel lieber aber mag man ihn eingelegt, geschmort, gebraten oder gegrillt. Lassen Sie sich von seiner Vielfalt überzeugen.

FÜR 4 PORTIONEN
2 Radicchio di Treviso (precoce)
2 Knoblauchzehen
4 Lorbeerblätter
1 TL Wacholderbeeren
200 ml Weißweinessig
Salz
100 ml Olivenöl

1 Den Radicchio von den äußeren welken Blättern befreien, waschen, abtropfen lassen und der Länge nach vierteln.

2 Den Knoblauch schälen und halbieren, mit $\frac{1}{2}$ l Wasser, den Lorbeerblättern, den Wacholderbeeren und dem Essig in einen Topf geben und salzen. Die Mischung zum Kochen bringen. Die Radicchioviertel in den Sud legen und etwa 3 Minuten darin garen.

3 Radicchio mit einem Schaumlöffel aus dem Sud heben und in eine Schale geben. Wacholder, Knoblauch und Lorbeer ebenfalls aus dem Sud fischen und auf dem Radicchio verteilen.

4 Die Radicchioviertel abkühlen lassen, dann mit dem Öl übergießen und über Nacht darin ziehen lassen.

Tipp: Den Radicchio nur mit Weißbrot servieren, für eine üppigere Vorspeise etwas Käse (Asiago oder Taleggio) oder auch eine weiche Salami dazu servieren. Ebenfalls passend: Makrele mit Zwiebeln (Rezept Seite 41).

Radicchio al formaggio
Radicchio mit Käse

Mit dem Käse, der zwischen den warmen Radicchiohälften leicht schmilzt und ihnen ein besonderes und feines Aroma verleiht, ist diese warme Vorspeise ein echter Genuss, der auch einmal als kleiner Imbiss mundet.

1 Radicchio jeweils von den äußeren welken Blättern befreien und der Länge nach halbieren. Das Öl in einer großen Pfanne erhitzen, die Radicchiohälften darin von beiden Seiten insgesamt etwa 8 Minuten braten. Den Radicchio salzen und pfeffern.
2 Vier Radicchiohälften mit der Schnittfläche nach oben in die Pfanne legen, mit je einem Stück Käse belegen und die restlichen Radicchiohälften auflegen. Den Radicchio zugedeckt noch einmal 5 Minuten braten, bis der Käse warm ist und zu schmelzen beginnt. Dabei einmal vorsichtig wenden. Warm servieren.

BEILAGE: Frisches Weißbrot, Trauben, frische Feigen oder Cocktailtomaten

FÜR 4 PORTIONEN
4 kleinere Radicchio di Treviso
(precoce, je etwa 100 g)
4 EL Olivenöl
Salz · Pfeffer
4 längliche Stücke Asiago oder
Montasio (je etwa 50 g schwer,
sie sollen zwischen zwei
Radicchiohälften passen)

Involtini di radicchio
Radicchioröllchen

1 Die Radicchioblätter waschen und trockenschwenken. Die Räucherlachsscheiben jeweils halbieren und je 1 Stück auf 1 Radicchioblatt legen. Die Petersilie waschen und trockenschütteln. Die Blättchen fein hacken und auf den Lachs streuen. Die Radicchioblätter vorsichtig aufrollen und mit Zahnstochern zusammenstecken.
2 In einer Pfanne 2 EL Öl erhitzen, die Röllchen darin bei mittlerer Hitze 3–4 Minuten unter Wenden braten.
3 Inzwischen den Zitronensaft mit Salz und Pfeffer verrühren, das übrige Öl nach und nach zu einer cremigen Sauce unterschlagen. Die Radicchioröllchen auf Teller verteilen, mit der Sauce beträufeln und warm servieren.

Tipp: Die Radicchioblätter bleiben beim Braten schön knackig. Wer das nicht so gerne hat, sollte sie vor dem Aufrollen ganz kurz in kochendes Wasser tauchen, kalt abschrecken und gut abtropfen lassen.

FÜR 4 PORTIONEN
8 große Blätter Radicchio di
Treviso oder di Castelfranco
4 Scheiben Räucherlachs
4 Stängel Petersilie oder Rucola
4 EL Olivenöl
1 EL Zitronensaft
Salz · Pfeffer

Außerdem:
Zahnstocher zum Feststecken

Zucchine ripiene
Zucchiniröllchen

Zu den feinen Antipasti trinkt man im Restaurant gerne einen Prosecco. Vor allem in kleineren Lokalen wird der nicht im Glas, sondern im Krug serviert. Ist dieser traditionell, ist er aus Keramik und meist mit einem Spruch beschriftet. Bevi e tasi (trink und schweig) oder il vin fa sangue (der Wein macht gutes Blut) kann da ebenso drauf stehen wie viele andere Weisheiten rund ums Thema Wein und Prosecco.

FÜR 4 PORTIONEN
500 g junge Zucchini
Salz · Pfeffer
3 EL Olivenöl
150 g eingelegte Artischockenherzen aus dem Glas
100 g Cocktailtomaten
2 hart gekochte Eier
2 Sardellenfilets in Öl
1 TL Zitronensaft

Außerdem:
Zahnstocher zum Feststecken

1 Den Backofengrill anheizen. Die Zucchini waschen, putzen, trocknen und der Länge nach in etwa $\frac{1}{2}$ cm dicke Scheiben schneiden. Das Backblech mit Backpapier auslegen und die Zucchinischeiben nebeneinander darauf verteilen. Mit Salz und Pfeffer würzen und mit dem Olivenöl bepinseln.
2 Die Zucchini unter den heißen Grillschlangen (mit etwa 10 cm Abstand) in etwa 8 Minuten goldbraun grillen. Zucchinischeiben abkühlen lassen.
3 Für die Füllung die Artischockenherzen abtropfen lassen und würfeln. Tomaten waschen und vierteln. Eier pellen und das Eiweiß abtrennen. Eigelbe mit den Artischockenherzen und den Tomaten fein pürieren. Eiweiße mit den Sardellenfilets fein hacken und untermischen.
4 Die Füllung mit Salz, Pfeffer und Zitronensaft abschmecken und dünn auf den Zucchinischeiben verstreichen. Die Scheiben aufrollen und die Enden mit Zahnstochern feststecken.

Peperoni al tonno
Paprika mit Thunfisch

FÜR 4 PORTIONEN
je 1 große rote und gelbe
Paprikaschote
½ Bund Petersilie
2 Knoblauchzehen
1 EL Kapern
1 EL Olivenöl
1 EL Zitronensaft
Salz · Pfeffer
1 Dose Thunfisch im eigenen Saft
oder in Öl (150 g Abtropfgewicht)

Außerdem:
Zahnstocher zum Feststecken

1 Den Backofen auf 250 °C (Umluft 220 °C) vorheizen. Die Paprikaschoten waschen und halbieren. Die Stiele und Trennwände mit den Kernen entfernen. Ein Backblech mit Backpapier auslegen und die Paprika mit der Schnittfläche nach unten darauf legen. Die Paprika im heißen Ofen (Mitte) etwa 15 Minuten backen, bis die Haut dunkle Blasen hat. Paprika aus dem Ofen nehmen und etwas abkühlen lassen.
2 Inzwischen Petersilie waschen, trockenschütteln und die Blättchen sehr fein hacken. Die Knoblauchzehen schälen und zusammen mit den Kapern fein hacken. Petersilie und die Knoblauchmischung mit Öl und Zitronensaft verrühren, mit Salz und Pfeffer abschmecken.
3 Die Paprikaschoten häuten und in etwa 3 cm breite Streifen schneiden. Die Streifen mit der Knoblauchsauce bestreichen. Thunfisch abtropfen lassen und in große Stücke zerteilen. Jeden Paprikastreifen mit einem Thunfischstück belegen und aufrollen. Mit Zahnstochern feststecken und auf einer Platte anrichten.

Cipolline in agrodolce
Süßsaure Zwiebelchen

Geht der Venezianer auf eine ombra, *so tut er das am liebsten in einem rustikalen* bàcaro, *und gönnt sich dazu ein paar Kleinigkeiten, die er wie diese Zwiebelchen mit einem Spießchen oder einfach mit den Fingern essen kann. Ein* bàcaro *ist eine Weinstube, deren Name sich vom Weingott Bacchus ableitet. Diese Weinschenken gibt es in der Lagunenstadt seit dem 19. Jahrhundert, bis heute haben sich ein paar ursprüngliche ihre besondere Atmosphäre erhalten. In ein* bàcaro *gehen die Marktfrauen und -männer ebenso wie die Geschäftsleute, die rundherum arbeiten. In den meisten genießt man im Stehen ein Glas Wein und sucht sich aus der Vitrine ein paar* cicheti *aus, die der Wirt dann auf einem Teller anrichtet. Einige haben auch ein paar Tische, an denen man fast immer typische Gerichte serviert bekommt.*

Die Verbindung von pikanten Gerichten mit süßen Zutaten wie Rosinen und Pinienkernen haben sich die Venezianer von den Orientalen abgeschaut. Durch den Handel der Seemacht Venedig mit dem Orient und der Levante kamen nicht nur Gewürze und Zutaten in die Stadt, sondern auch ganz neue Zubereitungsarten.

FÜR 4 PORTIONEN
600 g kleine weiße Zwiebeln
40 g Butter
1 ½ EL Zucker
6 EL Rotweinessig
30 g Rosinen
30 g Pinienkerne
Salz

1 Die Zwiebeln schälen und ganz lassen. Die Butter in einem Topf zerlassen und aufschäumen. Den Zucker zufügen und leicht karamellisieren lassen. Zwiebeln zufügen und rundherum leicht anbraten. Mit dem Essig ablöschen und die Rosinen untermischen. Zwiebeln zugedeckt bei schwacher Hitze etwa 15 Minuten schmoren, bis sie weich und gebräunt sind.
2 Die Pinienkerne in einer Pfanne bei mittlerer Hitze ohne Fett goldgelb rösten. Die Pinienkerne unter die Zwiebeln mischen, alles mit Salz abschmecken und abkühlen lassen.

Tipp: Die Zwiebeln können Sie sehr gut schon einen oder auch zwei Tage vor dem Essen zubereiten, sie gewinnen beim Durchziehen sogar noch an Geschmack und Aroma.

Verdure in saor
Eingelegte Gemüse

1 Die Rosinen mit lauwarmem Wasser bedecken und kurz quellen lassen. Gemüse waschen und putzen. Paprikaschoten in 1 cm breite Streifen, Zucchino in ½ cm dicke Scheiben, Aubergine ebenfalls in Scheiben schneiden, diese vierteln. Die Pilze putzen und vierteln.
2 Das Öl in einem weiten Topf erhitzen. Das Gemüse gut trockentupfen und portionsweise im heißen Öl jeweils in 3–4 Minuten goldbraun frittieren. Mit dem Schaumlöffel herausheben und auf Küchenpapier entfetten. Das frittierte Gemüse in einer Schüssel vermischen und mit Salz und Pfeffer würzen.
3 Die Zwiebeln schälen, halbieren und in feine Streifen schneiden. 2 EL Frittierfett in einer Pfanne erhitzen. Die Pinienkerne darin anrösten und wieder herausnehmen. Zwiebelstreifen bei schwacher Hitze im verbliebenen Fett anbraten. Mit dem Essig ablöschen, mit dem Zucker würzen und offen noch etwa 5 Minuten köcheln lassen.
4 Die Rosinen abgießen, abtropfen lassen und mit den Pinienkernen unter die Zwiebeln mischen. Eine Lage Gemüse in eine Form schichten, mit etwas Zwiebelmischung bedecken, wieder Gemüse, dann Zwiebeln und so weiter einschichten, bis alle Zutaten verbraucht sind. Das Gemüse zugedeckt 1 Tag durchziehen lassen.

FÜR 4–6 PORTIONEN
30 g Rosinen
je 1 gelbe und rote Paprikaschote
1 Zucchino
1 kleine Aubergine
100 g Champignons
¼ l Olivenöl
Salz · Pfeffer
2 rote oder weiße Zwiebeln
40 g Pinienkerne
75 ml Rotweinessig
2 TL Zucker

Fiori di zucca fritti
Gebackene Kürbisblüten

Statt der großen Kürbisblüten können Sie für diese feine Kleinigkeit auch die dünneren und längeren Zucchiniblüten nehmen.

1 Die Kürbisblüten mit einem Pinsel von allen Unreinheiten befreien, den Blütenstempel aus der Mitte der Blüten mit einem Messer herausschneiden.
2 Das Mehl mit dem Ei und der Milch gut verquirlen und den Teig mit Salz und Pfeffer leicht würzen.
3 Das Olivenöl in einem Topf erhitzen. Die Kürbisblüten einzeln durch den Teig ziehen und ins heiße Fett gleiten lassen. Die Blüten in 2–3 Minuten knusprig frittieren, mit einem Schaumlöffel herausheben und auf Küchenpapier kurz abtropfen lassen. Mit Salz und Pfeffer würzen und heiß mit Zitronenschnitzen garniert servieren.

FÜR 4 PORTIONEN
12 Kürbisblüten
100 g Mehl
1 Ei
100 ml Milch
Salz
Pfeffer
½ l Olivenöl

Zum Garnieren:
Zitronenschnitze

Pesciolini fritti
Frittierte Minifische

Frisch ausgebacken, in der Papiertüte oder auf einem kleinen Teller serviert und mit Kopf und Gräten gegessen, sind die kleinen knusprigen Fischchen ein echter Genuss. In Venedig gibt es die Minifische immer zu kaufen, bei uns sollte man sie unbedingt vorbestellen!

FÜR 4 PORTIONEN
600 g frische Sardellen, Sprotten
oder andere kleine Fische
Salz · Pfeffer
50 g Mehl
½ l Olivenöl

Zum Garnieren:
Zitronenschnitze

1 Die Fische nur waschen und gut abtropfen lassen, bei kleinen Fischen kann man sowohl den Kopf als auch die Gräten mitessen. Die Fische mit Salz und Pfeffer würzen und in Mehl wenden.
2 Das Olivenöl in einem Topf erhitzen. Die Fische darin in 2 Portionen jeweils in 3–4 Minuten knusprig frittieren, mit einem Schaumlöffel herausheben und auf Küchenpapier entfetten. Mit Zitronenschnitzen garniert servieren. Am besten mit den Händen essen.

BEILAGE: Weißbrot.

Vongole e fagiolini
Venusmuscheln mit grünen Bohnen

FÜR 4 PORTIONEN
400 g zarte grüne Bohnen
Salz
1 kg Venusmuscheln
⅛ l trockener Weißwein oder
Prosecco
2 Lorbeerblätter
2 Zweige frischer Thymian
3 EL Zitronensaft
Pfeffer
5 EL Olivenöl

1 Die Bohnen waschen und die Enden abschneiden. Falls sich dabei Fäden lösen, diese abziehen. In einem Topf reichlich Salzwasser zum Kochen bringen, die Bohnen darin zugedeckt in 8–10 Minuten bissfest kochen.
2 Inzwischen die Venusmuscheln waschen, geöffnete Muscheln aussortieren und wegwerfen. Den Wein mit den Lorbeerblättern und 1 TL Salz in einem Topf erhitzen. Muscheln dazugeben und zugedeckt bei starker Hitze 5 Minuten garen.
3 Die Bohnen in einem Sieb kalt abschrecken und abtropfen lassen. Die Muscheln aus dem Sud heben, geschlossene Exemplare wegwerfen, die übrigen aus den Schalen lösen.
4 Thymian waschen, trockenschütteln und die Blättchen abzupfen. Zitronensaft mit 2 EL Muschelsud, Salz, Pfeffer und Thymian verrühren. Das Öl mit einer Gabel unterschlagen.
5 Grüne Bohnen auf Teller verteilen, die Muscheln darauf anrichten. Sauce darüber träufeln und die Vorspeise servieren.

BEILAGE: Weißbrot

Cicheti e Antipasti / Häppchen und Vorspeisen

Polpette di formaggio
Käsebällchen

Nicht nur die ombra *ist eine Spezialität Venedigs und der* Terraferma *(des Hinterlandes). Vor dem Essen genehmigt man sich auch gerne einen* spritz, *dessen Namen wohl die Österreicher hinterlassen haben, die nach dem Abzug Napoleons 1797 Venedig besetzten. Bis 1866 gehörte Venedig zu Österreich, Strudel und Kipferl in manchen* pasticcerie *zeugen noch heute davon.*

Der spritz *also ist ein Aperitif aus Weißwein mit Mineralwasser oder einfachem Leitungswasser, dem man ganz nach Wunsch des Gastes Aperol, Campari oder auch einmal Cynar zusetzt. Damit die Mischung nicht zu schnell zu Kopf steigt, bekommt man immer eine Kleinigkeit zu essen dazu, das können einfach frittierte Kartoffeln sein (etwas dicker als Pommes frites) oder eben Bällchen wie diese, die auf kleinen Platten auf den Tisch kommen. Man nimmt sie sich mit Zahnstochern.*

FÜR 4 PORTIONEN
150 g reifer Asiago, Montasio oder Pecorino
2 EL Mehl
1 Eiweiß (Größe M) · Pfeffer
50 g Mandelstifte oder -blättchen
⅜ l Olivenöl zum Frittieren

1 Den Käse fein reiben und mit dem Mehl mischen. Das Eiweiß zu steifem Schnee schlagen und mit der Käsemischung vermengen. Die Masse mit Pfeffer würzen und zu 12 Bällchen formen. Mandeln auf einem Teller verteilen und die Käsebällchen darin wälzen, die Mandeln gut andrücken.

2 Das Öl in einem weiten Topf erhitzen. Die Käsebällchen darin 3–4 Minuten frittieren, bis sie rundherum gebräunt sind. Mit einem Schaumlöffel aus dem Fett heben, auf einer dicken Lage Küchenpapier kurz abtropfen lassen und warm servieren.

BEILAGE: Eingelegte Gemüse (Rezept Seite 33) und Brot

Polpette di carne
Frittierte Fleischbällchen

FÜR 4 PORTIONEN
2 Scheiben Toast- oder Weißbrot
⅛ l Milch
1 großes Bund Petersilie
4 Knoblauchzehen
2 Sardellenfilets in Öl
400 g Rinderhackfleisch
1 Ei
Salz · Pfeffer
frisch geriebene Muskatnuss
½ l Olivenöl
60 g Semmelbrösel

Nach Belieben:
Zahnstocher und Oliven

Auf dem Titelfoto abgebildet

1 Das Brot von der Rinde befreien und in der Milch etwa 10 Minuten einweichen. Inzwischen die Petersilie waschen, trockenschütteln und die Blättchen sehr fein hacken. Den Knoblauch schälen und ebenfalls sehr fein zerkleinern. Die Sardellenfilets gut abtropfen lassen und klein würfeln.

2 Das Brot gut ausdrücken und zerpflücken. Mit dem Hackfleisch, dem Ei, der Petersilie, dem Knoblauch und den Sardellenstückchen in eine Schüssel geben und mit Salz, Pfeffer und Muskat abschmecken. Alles zu einem gut gebundenen Teig verkneten und zu walnussgroßen Bällchen formen.

3 Das Olivenöl in einem Topf erhitzen. Die Bällchen in den Semmelbröseln wälzen und im heißen Fett in etwa 4 Minuten knusprig frittieren. Mit einem Schaumlöffel herausheben und auf Küchenpapier abtropfen lassen. Nach Belieben mit einem Zahnstocher auf jedes Bällchen eine Olive stecken. Servieren.

Salat aus Wolfsbarsch

Branzino in insalata

1 Die Zwiebel und die Möhre schälen und vierteln. Den Sellerie putzen, waschen und in grobe Stücke schneiden. Den Wein mit dem Gemüse, dem Essig, den Lorbeerblättern, den Wacholderbeeren, den Pfefferkörnern, 1 TL Salz und 1 l Wasser in einen Topf geben, der so groß ist, dass der Fisch im Ganzen hineinpasst. Den Fisch waschen und trockentupfen.
2 Die Flüssigkeit im Topf erhitzen, den Branzino hineinlegen und bei schwacher Hitze bei halb aufgelegtem Deckel etwa 20 Minuten darin ziehen lassen. Das Wasser soll dabei nicht kochen. Den Fisch im Sud lauwarm abkühlen lassen.
3 Inzwischen den Radicchio von allen welken Blättern befreien, die übrigen Blätter in feine Streifen schneiden. Die Zitrone und die Orangenhälfte heiß waschen und abtrocknen, die Schale dünn abreiben, die Zitrone auspressen. Zitronensaft und die Zitrusschalen mit 4 EL Olivenöl, Salz, Pfeffer und dem Honig mit einer Gabel zu einer cremigen Sauce aufschlagen.
4 Den Wolfsbarsch aus dem Sud heben, häuten, filetieren und das Fleisch in mundgerechte Stücke zerpflücken.
5 Das restliche Olivenöl in einer Pfanne erhitzen und die Radicchiostreifen darin bei starker Hitze 2–3 Minuten braten. Mit Salz und Pfeffer abschmecken und auf Teller verteilen. Die Fischstücke darauf verteilen, mit der Sauce beträufeln und servieren.
BEILAGE: Frisches Weißbrot

Tipp: Den Salat können Sie auch aus anderem Fisch zubereiten, etwa aus Resten von einem Fisch aus dem Ofen, aus gebratenen Fischfilets oder ähnlichem.

FÜR 4 PORTIONEN
1 Zwiebel
1 Möhre
1 Stange Staudensellerie
¼ l trockener Weißwein
50 ml Weißweinessig
2 Lorbeerblätter
1 TL Wacholderbeeren
1 TL Pfefferkörner
Salz
1 Wolfsbarsch (etwa 480 g)
1 Radicchio (di Treviso oder di Castelfranco)
1 unbehandelte Zitrone
½ unbehandelte Orange
6 EL Olivenöl · Pfeffer
1 Messerspitze Honig oder
1 Prise Zucker

Oktopussalat mit Kartoffeln und Sellerie

Polpo in insalata con patate e sedano

1 Den Oktopus waschen. Zitrone heiß waschen und in Scheiben schneiden. Beides in einen Topf geben und mit Wasser bedecken. Lorbeer zufügen und das Wasser zum Kochen bringen. Oktopus bei schwacher Hitze und halb aufgelegtem Deckel in etwa 45 Minuten gut weich kochen (mit einem Messer zur Probe einstechen) und im Sud abkühlen lassen.
2 Inzwischen den Sellerie waschen, putzen und in 2 cm lange Stücke schneiden. In wenig Salzwasser in etwa 8 Minuten bissfest kochen, abgießen, abschrecken, abtropfen lassen.
3 Die Kartoffeln in der Schale weich, aber nicht zu weich kochen. Abkühlen lassen, pellen und in kleine Würfel schneiden. Den Oktopus aus dem Wasser heben, unter fließendem Wasser die violette Haut etwas abschrubben.
4 Oktopusarme in feine Scheiben schneiden. Für die Sauce die Petersilie waschen, trockenschütteln und die Blättchen sehr fein hacken. Den Knoblauch schälen und ebenfalls sehr fein schneiden. Frühlingszwiebeln waschen, putzen und in feine Ringe schneiden. Zitronensaft mit Salz, Pfeffer und Öl zu einer cremigen Sauce verquirlen. Petersilie, Knoblauch und Zwiebelringe untermischen.
5 Oktopus mit Sellerie, Kartoffeln und Sauce mischen, abschmecken und frisch servieren.

FÜR 4 PORTIONEN
1 Oktopus (etwa 800 g)
½ unbehandelte Zitrone
2 Lorbeerblätter
2 Stangen Staudensellerie
Salz
300 g fest kochende Kartoffeln
1 kleines Bund Petersilie
2 Knoblauchzehen
2 Frühlingszwiebeln
3 EL Zitronensaft
Pfeffer
6 EL Olivenöl

Granseola alla veneziana
Seespinne auf venezianische Art

Die granseola ist eine der begehrtesten Spezialitäten aus der Adria und der Lagune, denn auch hier kommt sie nicht mehr so häufig vor wie früher. Die Seespinne gehört zur Familie der Kurzschwanzkrebse oder echten Krabben und hat ein besonders wohlschmeckendes Fleisch. Durch ihren runden Körper, die dünnen Beine und die schlanken Scheren ähnelt sie tatsächlich einer Spinne. Die Seespinne lebt außer im Mittelmeerraum an der Atlantikküste und bevorzugt sandige Gründe, wie sie sie in der Lagune Venedigs findet. Während der Sommermonate lebt sie nahe an der Wasseroberfläche, im Winter wandert sie wesentlich tiefer. In Venedig fängt man im Sommer gerne auch die Weibchen, die sich unmittelbar vor der Paarung häuten. Solange der Panzer noch nicht nachgewachsen ist, kann man sie ganz einfach zubereiten und verzehren. Dennoch gelten diejenigen Seespinnen, die man von Oktober bis Dezember fängt, als die besten.

Bei uns sollten Sie Seespinnen auf jeden Fall vorbestellen, eventuell bei einem Fischhändler, der viel aus Frankreich bezieht, wo sie ebenfalls eine beliebte Spezialität darstellen. Seespinnen sind nicht ganz billig und das Auslösen des Fleisches ist etwas mühsam – aber es lohnt sich!

Übrigens können Sie die Seespinne auch gut als Hauptgericht servieren, zum Beispiel nach einem Meeresfrüchterisotto (Rezept Seite 61) oder einer Pasta mit Scampi (Rezept Seite 50).

FÜR 4 PORTIONEN
2 Lorbeerblätter
1 Bund Petersilie
Salz · 1 TL Pfefferkörner
1 ½ unbehandelte Zitronen
4 mittelgroße Seespinnen
6 EL Olivenöl
frisch gemahlener Pfeffer

1 In einem großen Topf 4–5 l Wasser mit den Lorbeerblättern, einigen kalt abgespülten Petersilienstängeln, Salz und Pfefferkörnern erhitzen. Die Zitronenhälfte heiß waschen, in Scheiben schneiden und untermischen.

2 Sobald das Wasser kocht, die Seespinnen hineingeben und 5–10 Minuten darin kochen lassen, bis sie sich leuchtend rot verfärbt haben. Die Seespinnen im Sud abkühlen lassen, dann den oberen Panzer mit einem stabilen Messer ablösen, die Beine einzeln abdrehen. Bei weiblichen Tieren auch die Schwanzplatte ablösen, aufbrechen und die Eier auslösen.

3 Die grau-schwarz und bräunlich gefärbten Innereien entfernen. Den rötlichen Corail aus den Schalen lösen und in eine Schüssel geben. Das Krabbenfleisch aus den einzelnen harten Segmenten mit einer schmalen kleinen Gabel oder einem Teelöffelstiel herauskratzen. Die Beine mit einer Krabbenzange (das geht auch mit dem Nussknacker oder Fleischklopfer) aufbrechen und das Fleisch ebenfalls herauslösen. Dabei aufpassen, dass keine Splitter mit in das Fleisch geraten. Das gesamte Krabbenfleisch zum Corail in die Schüssel geben.

4 Die übrige Petersilie waschen, trockenschütteln und die Blättchen fein hacken. Die Zitrone auspressen. Den Saft mit dem Olivenöl mit einer Gabel cremig rühren. Petersilie untermischen und die Sauce mit Salz und Pfeffer abschmecken.

5 Die Sauce über das Krabbenfleisch gießen, alles vorsichtig mischen und nochmals abschmecken. In die gut ausgespülten Krabbenpanzer füllen und jeweils auf Tellern servieren.

BEILAGE: frisches Weißbrot

Tipp: Falls Sie keinen ausreichend großen Topf besitzen, sollten Sie die Seespinnen portionsweise garen – sie sollten auf jeden Fall immer ganz mit kochendem Wasser bedeckt sein.
Wenn Sie weibliche Tiere mit Eiern bekommen haben, den Corail nicht mit dem Fleisch, sondern mit den Eiern mischen und in einem Schälchen getrennt zum Krabbenfleisch servieren. Jeder kann sich seine Portion nach Belieben damit garnieren und verfeinern.

Baccalà mantecato
Stockfischpüree

Auf dem Titelfoto abgebildet

*E*ine typische venezianische Spezialität, die in keinem bàcaro *fehlen darf, aber auch in vielen* risto-
ranti *auf der Karte steht, ist der* Baccalà mantecato. *Übrigens ist Venedig die einzige Stadt Italiens, in
der man unter* baccalà *nicht wie sonst in Italien den eingesalzenen Kabeljau, sondern den nur durch
Trocknen konservierten Stockfisch versteht. Da man bei uns allerdings den eingesalzenen Fisch leichter bekommt und seine Zubereitung außerdem weniger aufwändig ist, haben wir ihn für die Zubereitung der beliebten Spezialität verwendet. Übrigens nimmt man es damit auch in Venedig und Umgebung nicht so genau und verwendet mal den einen, mal den anderen konservierten Fisch.*

    *Die weiche Creme wird aus eingeweichtem, konserviertem Kabeljau gemacht, wie er schon seit
vielen Jahrhunderten aus Norwegen und anderen kühlen Ländern nach Italien eingeführt wird und
sich nach wie vor großer Beliebtheit erfreut. In den Fischgeschäften wie auch auf dem Fischmarkt bei
der Rialtobrücke bekommt man ihn schon fertig eingeweicht, muss ihn also nur noch garen und zu
Püree verarbeiten.*

    Im bàcaro *serviert man die würzige Speise auf einer Brotscheibe oder auch einmal auf einer Schei-
be gegrillter Polenta. Wird das Stockfischpüree als* secondo, *also als Hauptgericht, serviert, kommt
es warm oder lauwarm auf den Tisch und zwar in Begleitung von Polenta – knusprig gebraten oder
als Brei zubereitet.*

FÜR 4 PORTIONEN
½ Baccalà (etwa 500 g)
½ l Milch
2 Knoblauchzehen
½ Bund Petersilie
200 ml mildes Olivenöl
Pfeffer, eventuell wenig Salz

Zum Servieren:
geröstete Brotscheiben oder
gebratene Polenta (Rezept
siehe Seite 52)

1 Den Fisch in einer Schüssel mit kaltem Wasser bedecken und 24 Stunden quellen lassen,
das Wasser dabei mehrmals wechseln.

2 Den Fisch nach dem Einweichen abtropfen lassen und in einen Topf legen. Die Milch angießen und zum Kochen bringen. Den Fisch darin bei schwacher Hitze etwa 10 Minuten garen.

3 Fisch abtropfen lassen, von Haut und Gräten befreien und in kleine Stücke zupfen. Von der
Milch etwa 150 ml abmessen.

4 Den Knoblauch schälen, die Petersilie waschen, trockenschütteln und die Blättchen sehr
fein hacken.

5 Den Fisch mit dem Olivenöl und der warmen Milch mit dem Pürierstab fein zerkleinern; die
Masse soll etwas weicher als Kartoffelpüree sein. Den Knoblauch durch die Presse dazu-
drücken, die Petersilie untermischen. Das Stockfischpüree mit Pfeffer und eventuell Salz
abschmecken und warm auf gerösteten Brotscheiben oder gebratener Polenta servieren.

Marinierte Sardinen

Sarde in saor

Auf dem Titelfoto abgebildet

Mit Zwiebeln marinierte Fische haben in Venedig und Umgebung eine lange Tradition. Der Beiname „saor" kommt von sapore *und weist auf den intensiven Geschmack der Gerichte hin, die auf diese Weise zubereitet werden.*

1 Sardinen waschen, die Köpfe abschneiden. Die Fische am Bauch aufschlitzen, Mittelgräte mit einem Löffelstiel anheben und ablösen. Zwiebeln schälen, in feine Ringe schneiden.
2 Sardinen aufklappen, mit Salz und Pfeffer würzen und in Mehl wenden. Das Öl in einer Pfanne erhitzen, die Sardinen darin pro Seite 1–2 Minuten frittieren, mit einem Schaumlöffel herausheben und auf Küchenpapier abtropfen lassen.
3 Das Öl bis auf einen dünnen Film aus der Pfanne gießen. Zwiebeln ins Öl geben und bei schwacher Hitze unter gelegentlichem Rühren etwa 15 Minuten garen, bis sie weich sind. Braun sollen sie dabei nur ganz leicht werden. Die Zwiebeln mit dem Essig ablöschen, Pinienkerne untermischen und die Zwiebeln mit dem Zucker, Salz und Pfeffer abschmecken.
4 Die Sardinen in eine Form geben und mit der Zwiebelmischung bedecken. Im Kühlschrank etwa 2 Tage durchziehen lassen.

FÜR 4 PORTIONEN
500 g frische Sardinen
400 g Zwiebeln
Salz · Pfeffer
2 EL Mehl zum Wenden
100 ml Olivenöl
150 ml Rotweinessig
2 EL Pinienkerne
1 TL Zucker

Tipp: Wer mag, kann mit den Pinienkernen 1–2 EL Rosinen zu den Sardinen geben.

Makrelen mit Zwiebeln

Sgombri ai cipolle

Die Verbindung von Fisch und Zwiebeln muss nicht immer süßsauer sein. Versuchen Sie auch einmal diese köstliche Makrele – ganz simpel und doch so fein!

1 Die Zwiebeln schälen und halbieren, in sehr feine Streifen schneiden. Die Zwiebeln mit etwas Salz mischen und 10–15 Minuten ziehen lassen.
2 Inzwischen den Backofen auf 180 °C (Umluft 160 °C) vorheizen. Die Makrelen filetieren und häuten. Die Filets in eine feuerfeste Form einlegen, mit Salz, Pfeffer und dem Zitronensaft würzen. Die Form mit Alufolie abdecken und die Makrelenfilets im Ofen etwa 15 Minuten garen. Aus dem Ofen nehmen und abkühlen lassen.
3 Zwiebeln mit dem Olivenöl verrühren, mit Pfeffer würzen und auf dem kalten Fisch verteilen.
BEILAGE: Weißbrot

FÜR 4 PORTIONEN
2 milde rote oder weiße Zwiebeln
Salz · 2 Makrelen (je etwa 380 g)
Pfeffer · 1 EL Zitronensaft
4 EL Olivenöl

Tipp: Wer nicht so geübt im Filetieren von Fischen ist, sollte den Fischhändler bitten, diese Arbeit zu übernehmen. Ebenfalls möglich: Die Makrelen in Weißwein aus dem Ofen (Rezept Seite 86, ohne Marinieren) zubereiten und abkühlen lassen. Gegarte Makrelen lassen sich leicht häuten und das Fleisch löst sich ganz einfach von den Gräten.

Pasta, riso e polenta
Nudeln, Reis und Polenta

Ganz im Gegensatz zu den meisten Regionen Italiens steht in Venedig und Umgebung bei den *primi* nicht die Pasta an erster Stelle, sondern der Reis – schließlich wächst er hier auch. Ob mit Fisch, Geflügel oder einfach nur mit Gemüse, einen Risotto oder Riso isst man im Ristorante ebenso gern wie zu Hause. Nicht nur als *primo*, sondern auch als Beilage steht die Polenta hoch im Kurs, cremig oder fest und gebraten, wertet der feine Maisgrieß so manches Gericht erst richtig auf. Und natürlich gibt es auch in Venedig Pasta, die begeistert – von den aromatischen Bigoli bis zu zarten Tagliatelle. Um die Mischung rund zu machen, finden Sie in diesem Kapitel auch fein gefüllte Ravioli und Gnocchi.

Bigoli / Dicke hausgemachte Spaghetti

In Venedig und Umgebung haben die bigoli *eine lange Tradition. Jede Familie verfügte über ein spezielles Gerät – ähnlich unserer Spätzlepresse – durch das man den Teig trieb, um die langen dicken Nudeln herzustellen. Wer sich das Gerät nicht aus dem Veneto mit nach Hause gebracht hat, muss die Nudeln wie die toskanischen* pici *per Hand rollen oder aber aus dem Teig* tagliatelle *formen. Dafür den Teig dünn ausrollen – am besten mit der Nudelmaschine – und in mittelbreite Bandnudeln teilen.*

Übrigens wurden bigoli *früher nur aus Mehl, Wasser und Salz zubereitet und auch nicht immer aus Vollkornmehl. Mit Eiern werden sie etwas kerniger und das Vollkornmehl macht sie würziger – eine gute Ergänzung zu den kräftigen Saucen, die man traditionellerweise zu diesen Nudeln serviert.*

FÜR 4 PORTIONEN
300 g Vollkornmehl
2 Eier · 1 TL Salz
Mehl für die Arbeitsfläche

1 Das Mehl in eine Schüssel schütten und die Eier mit dem Salz dazugeben. Nach und nach 80 ml kaltes Wasser dazugießen und alles zu einem glatten geschmeidigen und eher weichen Teig verkneten.

2 Den Teig zu einer Kugel formen und in Klarsichtfolie hüllen. Den Nudelteig bei Zimmertemperatur etwa 30 Minuten ruhen lassen.

3 Vom Teig etwa walnussgroße Stücke abnehmen und auf der bemehlten Arbeitsfläche zu dünnen Schnüren rollen. Die Bigoli auf bemehlten Küchentüchern ausbreiten und einige Stunden trocknen lassen. Dabei immer mal wieder wenden, damit die Nudeln gleichmäßig antrocknen.

Tipp: Natürlich können Sie die Nudeln auch aus weißem Mehl machen. In diesem Fall brauchen Sie nur etwas weniger Wasser, die Teigzubereitung an sich bleibt gleich.

Tagliatelle / Bandnudeln

FÜR 4 PORTIONEN
300 g Mehl
1 TL Salz · 1 EL Olivenöl
3 Eier

1 Das Mehl mit dem Salz mischen, das Olivenöl und die Eier dazugeben und alles zu einem glatten glänzenden Teig verkneten. Den Teig zu einer Kugel formen, in ein Küchentuch einwickeln und bei Zimmertemperatur etwa 30 Minuten ruhen lassen.

2 Von dem Teig Stücke abnehmen und dünn ausrollen. Am einfachsten geht das in der Nudelmaschine. Dafür den Teig erst durch die auf weiten Abstand gestellte Walze drehen, zusammenfalten und nochmals durchdrehen, dabei den Abstand immer enger einstellen. Die Teigplatten auf bemehlten Küchentüchern leicht antrocknen lassen, dann durch den Bandnudelaufsatz drehen.

3 Die Nudeln leicht mit Mehl bestäuben und auf bemehlten Küchentüchern eventuell etwas trocknen lassen. Man kann sie aber auch gleich kochen. Frische Nudeln – also auch die, die man ein paar Stunden getrocknet hat – habe eine kurze Garzeit von nur etwa 3 Minuten.

Variante: **Tagliatelle nere** (Schwarze Bandnudeln)
Für schwarze Nudeln nur 1 TL Öl und dafür 20 g Sepiatinte (bekommt man im Fischgeschäft im Tütchen) mit unter das Mehl mischen. Den Teig zu dünnen Bandnudeln formen. Als Sauce passen die *Scampi alla busara* (Rezept Seite 50) oder auch einfach gekochte Venusmuscheln gut dazu.

Nudeln mit Zwiebel-Sardellen-Sauce

Das schlichte, aber würzige Gericht hat man in Venedig schon im Mittelalter zubereitet und vor allem als Fastenspeise, etwa am Karfreitag oder Aschermittwoch, serviert. Es hat sich seither kaum verändert. Einzige Neuerung: Nicht immer machen die Hausfrauen die Nudeln noch selbst zu Hause, schließlich kann man sie inzwischen in guter Qualität auch fertig kaufen, frisch oder getrocknet.

1 Die Zwiebeln schälen und in sehr feine Scheiben schneiden. Das Olivenöl in einem Topf erwärmen, die Zwiebelringe zugeben und bei schwacher Hitze unter gelegentlichem Rühren etwa 10 Minuten garen, bis sie weich, aber nicht gebräunt sind. 50 ml Wasser zufügen und die Zwiebeln zugedeckt weitere 10 Minuten schmoren.

2 Inzwischen die Sardellenfilets abtropfen lassen und mit einer Gabel fein zerdrücken. Petersilie waschen und trockenschwenken, die Blättchen sehr fein hacken.

3 Für die Nudeln in einem Topf reichlich Wasser zum Kochen bringen und salzen. Die Bigoli darin in 3–10 Minuten (je nachdem ob sie frisch oder getrocknet sind) al dente kochen.

4 Sardellenpüree mit der Petersilie zu den Zwiebeln geben und gut untermischen. Die Sauce mit Pfeffer und eventuell wenig Salz abschmecken. Falls sie zu trocken ist, etwas Nudelkochwasser untermischen. Die Nudeln abgießen und mit der Sauce mischen, in vorgewärmten Tellern anrichten und heiß servieren.

FÜR 4 PORTIONEN
250 g Zwiebeln
4 EL Olivenöl
80 g Sardellenfilets in Öl
1 kleines Bund Petersilie
Salz · 400 g Bigoli
Pfeffer

Nudeln mit Entensauce

1 Die Entenkeulen kalt abspülen, trockentupfen und mit Salz und Pfeffer einreiben. Möhre, Sellerie, Zwiebel und Knoblauch putzen und waschen oder schälen und alles fein würfeln. Die Kräuter waschen, trockenschütteln und von den Stielen befreien.

2 Olivenöl in einem Schmortopf erhitzen, die Entenkeulen darin rundherum gut anbraten. Gemüsemischung und Kräuter zufügen und kurz mitbraten. Mit Wein und Brühe aufgießen und alles zugedeckt bei schwacher Hitze in etwa 1 $\frac{1}{2}$ Stunden weich schmoren.

3 Entenkeulen aus dem Sud heben und das Fleisch von den Knochen lösen; die Keulen nach Belieben häuten. Das Entenfleisch in kleine Stücke schneiden. Den Sud entfetten und durch ein Sieb passieren. Die Entenleber putzen und in kleine Würfel schneiden. Salbei waschen und in dünne Streifen schneiden.

4 Für die Nudeln in einem Topf reichlich Wasser zum Kochen bringen und salzen. Die Bigoli darin in 3–10 Minuten (je nachdem ob sie frisch oder getrocknet sind) al dente kochen.

5 Schon während das Wasser heiß wird, die Butter in einem Topf zerlassen. Leber mit Salbei darin anbraten, das Entenfleisch zugeben, mit etwa $\frac{1}{8}$ l Entensud ablöschen und mit Salz und Pfeffer würzen. Den Sugo zugedeckt bei schwacher Hitze warm werden lassen.

6 Die Nudeln abgießen, mit dem Sugo mischen und in vorgewärmten Tellern servieren. Dazu eventuell etwas frisch geriebenen Parmesan reichen.

FÜR 4 PORTIONEN
2 Entenkeulen
Salz · Pfeffer
1 Möhre
1 Stange Staudensellerie
1 Zwiebel
2 Knoblauchzehen
2 Zweige Rosmarin
$\frac{1}{4}$ Bund Thymian
1 EL Olivenöl
$\frac{1}{8}$ l trockener Weißwein
$\frac{1}{8}$ l Brühe oder Wasser
1 Entenleber
2 Salbeiblättchen
400 g Bigoli
10 g Butter

Bandnudeln mit Jakobsmuscheln

In der Lagune Venedigs gibt es kleine Pilgermuscheln, die im Dialekt canestrei *genannt werden. Sie sind nicht so attraktiv wie die großen Jakobsmuscheln und werden daher auch schon mal bereits ausgelöst verkauft. Allerdings schmecken sie auch roh sehr gut, vor allem im Winter isst man sie einfach nur mit Pfeffer und Salz bestreut.*

Die großen capesante *oder Jakobsmuscheln hingegen, die man für die Zubereitung dieses Gerichtes verwendet, kommen aus der Adria.*

Zum Putzen die Jakobsmuscheln mit der flachen Schalenhälfte nach oben gut festhalten, mit einem Messer zwischen die beiden Schalenhälften fahren und den Muskel durchtrennen. Die obere Schale abheben, die Muscheln mit dem Messer vorsichtig rundherum von der unteren Schale abschneiden. Jetzt liegt das weiße Muschelfleisch, der orangefarbene Rogen (Corail) und ein gräuliches Fleisch in der Schale. Den gräulichen Mantelrand abziehen und wegwerfen. Nur das weiße Muschelfleisch und der Rogen werden verwendet.

FÜR 4 PORTIONEN
6–7 Jakobsmuscheln (ausgelöst etwa 250 g)
1 Bund Rucola
12 Zweige Thymian
1 kleine Tomate
Salz
400 g frische Tagliatelle (siehe Grundrezept Seite 44)
1 EL Olivenöl
20 g Butter
Pfeffer
1 TL Zitronensaft

1 Die Jakobsmuscheln mit einem stabilen Messer öffnen. Das Muschelfleisch von der Schale lösen, graue Teile entfernen und wegwerfen. Das weiße Muschelfleisch und den orangefarbenen Corail vorsichtig waschen und trockentupfen. Das Muschelfleisch in dünne Scheiben schneiden.

2 Den Rucola verlesen, waschen und trockenschwenken. Die Blätter fein hacken oder in Streifen schneiden. Den Thymian waschen und trockenschütteln, die Blättchen von den Stielen streifen. Die Tomate waschen oder häuten, entkernen und sehr klein würfeln.

3 Für die Nudeln reichlich Wasser mit Salz zum Kochen bringen. Die Tagliatelle darin al dente kochen.

4 Inzwischen das Öl mit der Butter in einer Pfanne erwärmen, Thymian darin bei mittlerer Hitze 1–2 Minuten andünsten. Das Muschelfleisch zufügen und unter Rühren etwa 2 Minuten braten. Corail, Rucola und Tomate untermischen und kurz mitbraten, bis der Rucola zusammengefallen ist. Mit Salz, Pfeffer und Zitronensaft abschmecken.

5 Die Nudeln abgießen, in der Pfanne mit den Jakobsmuscheln mischen und in vorgewärmten Tellern servieren.

Tipp: Zu Nudeln mit Fisch wird niemals geriebener Käse serviert. Stellen Sie aber eine Flasche Olivenöl mit auf den Tisch, mit dem sich jeder seine Nudeln vor dem Essen zusätzlich nach Belieben etwas aromatisieren kann.

Pasta al sugo di salame
Nudeln mit Salamisauce

Die sopressa *aus dem Veneto – überall sonst in Italien schreibt man sie übrigens* soppressa, *aber die Venezianer lassen gerne eine paar Buchstaben weg – ist eine relativ weiche und fette Wurst. Sie wird aus grob geschnittenem Schweinefleisch und Fett hergestellt, das man mit Salz, Pfeffer und Muskat würzt. Die Masse wird verknetet und kommt in Naturdärme, die mehrmals mit Wasser und Essig eingerieben oder aber in Weißwein mit Rosmarin gekocht wurden. Vor dem Verkauf lassen die Metzger die* sopressa *fünf bis zehn Tage trocknen.*

FÜR 4 PORTIONEN:
200 g Sopressa (weiche Salami
aus dem Veneto, ersatzweise
frische italienische Salsicce)
1 Zwiebel
200 g Gemüse (Kürbis, Wirsing,
Artischockenböden oder Spinat)
1 EL Olivenöl
1/8 l trockener Weißwein
200 g passierte Tomaten
Salz · Pfeffer
400 g kurze Makkaroni,
Bigoli (Seite 44) oder Spaghetti
50 g reifer Asiago am Stück
10 g Butter

1 Das Salamistück häuten und die Wurst in kleine Stücke zerbröckeln. Zwiebel schälen und fein hacken. Das Gemüse putzen und schälen oder waschen und ebenfalls klein schneiden.
2 Das Öl in einem Topf erhitzen, die Zwiebel darin kurz andünsten. Salami dazugeben und kurz mitbraten, dann das Gemüse untermischen. Den Wein angießen und unter Rühren verdampfen lassen.
3 Die passierten Tomaten in den Topf geben, den Sugo mit Salz und Pfeffer abschmecken und zugedeckt bei schwacher Hitze etwa 10 Minuten schmoren.
4 Inzwischen für die Nudeln reichlich Wasser zum Kochen bringen und salzen. Die Nudeln darin al dente kochen.
5 Den Käse reiben. Die Butter in kleine Stücke schneiden und unter den Sugo rühren. Die Nudeln abgießen und ebenfalls untermischen. Pasta in vorgewärmte Teller füllen und mit dem Käse servieren.

Pasticcio al radicchio
Nudelauflauf mit Radicchio

FÜR 4 PORTIONEN
1 Zwiebel
50 g Pancetta
300 g Radicchio di Treviso
30 g Butter
Salz · Pfeffer
2 EL Mehl · 1/2 l Milch
300 g Bandnudeln (am besten
frische, Rezept Seite 44)
80 g frisch geriebener Parmesan
frisch geriebene Muskatnuss

Außerdem:
Butter für die Form und
zum Belegen

1 Die Zwiebel schälen, halbieren und in feine Streifen schneiden. Pancetta klein würfeln. Radicchio von welken Blättern befreien, waschen und der Länge nach in etwa 1 cm breite Streifen schneiden.
2 In einem Topf 10 g Butter zerlassen, Pancettawürfel und Zwiebelstreifen darin andünsten. Die Radicchiostreifen dazugeben, mit Salz und Pfeffer würzen und zugedeckt bei schwacher Hitze etwa 10 Minuten dünsten.
3 Inzwischen separat die übrige Butter zerlassen, das Mehl darin unter Rühren goldgelb anschwitzen. Die Milch mit dem Schneebesen nach und nach kräftig unterrühren. Die Sauce offen bei schwacher Hitze etwa 10 Minuten köcheln lassen, bis sie dickflüssig ist.
4 Inzwischen für die Nudeln reichlich Wasser zum Kochen bringen und salzen. Die Nudeln darin al dente kochen, in einem Sieb kalt abschrecken und abtropfen lassen.
5 Den Backofen auf 200 °C (Umluft 180 °C) vorheizen. Den Parmesan unter die Béchamelsauce rühren und die Sauce mit Salz, Pfeffer und Muskat abschmecken. Die Nudeln und den Radicchio mit der Sauce mischen und in eine feuerfeste, gebutterte Form geben. Etwas Butter in kleine Flöckchen schneiden und auf der Oberfläche verteilen. Den Auflauf im heißen Ofen (Mitte) etwa 30 Minuten backen, bis die Nudeln gebräunt und knusprig sind.

Nudeln mit Bohnen

Die Verbindung von Nudeln und Bohnen schätzt man auch in Mittel- und Süditalien – nirgends aber in so vielen Varianten wie im Veneto. Im Gegensatz zu anderen Regionen werden die Bohnen hier fast immer püriert, so dass eine cremig-dicke Suppe entsteht, unter die man gekochte Nudeln mischt. Außerdem wird im Veneto Pasta e fasioi *vor dem Servieren nicht mit Olivenöl beträufelt, sondern pur serviert. Allenfalls ein Schuss Essig ist erlaubt.*

Früher kam diese billige Suppe bei den Bauern fast täglich auf den Tisch. Dass sie nicht immer beliebt war, zeigt folgende Geschichte: Fern der Heimat befragt, wie er das Gericht fände, antwortete ein Bauer aus dem Veneto: „Divento pazzo se lo mangio", ich werde verrückt, wenn ich es esse. Da er wohl missverstanden wurde, bekam er am nächsten Tag eine extragroße Portion vorgesetzt. Und er wurde tatsächlich verrückt und schmiss die Bohnen mitsamt dem Teller aus dem Fenster.

1 Die Bohnen in einer Schüssel mit kaltem Wasser bedeckt über Nacht einweichen.
2 Am nächsten Tag die Bohnen abgießen. Den Sellerie, die Möhre und die Zwiebel putzen und waschen oder schälen und halbieren. Rosmarin waschen.
3 In einem großen Topf 1 ½ l Wasser mit Sellerie, Möhre, Zwiebel, Rosmarin, Lorbeerblättern und – wenn Sie mögen – dem Schinkenknochen zum Kochen bringen. Die Bohnen dazugeben und zugedeckt bei schwacher Hitze in etwa 2 Stunden schön weich kochen.
4 Nach der Garzeit Knochen, Gemüse und Kräuter entfernen. Etwa ein Drittel der Bohnen aus der Garflüssigkeit heben, die übrigen mit der Füssigkeit fein pürieren. Ganze Bohnen wieder untermischen, mit Salz und Pfeffer abschmecken. Bohnen zugedeckt warm halten.
5 Für die Nudeln reichlich Wasser zum Kochen bringen und salzen. Die Nudeln darin al dente kochen, in einem Sieb kalt abschrecken und abtropfen lassen. Die Nudeln unter die Bohnensuppe mischen und noch einmal gut heiß werden lassen. Nach Belieben Radicchioblätter waschen, trockenschwenken und in feine Streifen schneiden. Die Suppe in Teller füllen und eventuell mit ein paar Radicchiostreifen garnieren.

FÜR 4 PORTIONEN
300 g getrocknete Borlottibohnen
1 Stange Staudensellerie
1 Möhre · 1 Zwiebel
1 Zweig Rosmarin
2 Lorbeerblätter
nach Belieben: 1 Schinkenknochen (beim Metzger
vorbestellen, ersatzweise
1 großer Rinderknochen oder
1 Stück Räucherspeck)
Salz · Pfeffer · 150 g Tagliatelle

Nach Belieben:
100 g Radicchio

Nudeln mit Garnelen und Spargel

1 Den Spargel waschen, die holzigen Enden abschneiden und die Stangen in etwa 1 cm lange Stücke schneiden. Zwiebel und Knoblauch schälen, fein hacken. Die Garnelen würfeln.
2 Die Butter in einem Topf zerlassen. Zwiebel und Knoblauch mit den Spargelstücken darin andünsten. Mit dem Prosecco aufgießen, salzen und alles zugedeckt bei schwacher Hitze in etwa 10 Minuten bissfest garen.
3 In der Zwischenzeit für die Nudeln reichlich Wasser zum Kochen bringen und salzen. Die Bandnudeln darin al dente kochen.
4 Die Sahne unter den Spargel rühren. Die Sauce offen etwas einkochen lassen. Garnelen untermischen, gut heiß werden lassen und alles mit Salz, Pfeffer und 1 Prise Muskat würzen.
5 Die Nudeln abgießen, mit der Sauce mischen und in vorgewärmten Tellern servieren.

FÜR 4 PORTIONEN
300 g grüner Spargel
1 kleine Zwiebel
2 Knoblauchzehen
250 g geschälte rohe oder
gegarte Garnelen
1 EL Butter · ⅛ l Prosecco · Salz
400 g schmale Bandnudeln
⅛ l Sahne · Pfeffer
frisch geriebene Muskatnuss

Spaghetti alla busara
Spaghetti mit Scampi-Tomaten-Sauce

In Venedig macht man dieses einfache und köstliche Gericht statt mit scampi *auch mit* schie, *das sind kleine Garnelen aus der Lagune. Diese aromatischen* schie, *die man bei uns nicht bekommt, kombiniert man auch gerne mit Polenta und serviert sie so als* primo.

Die Scampi in der Tomatensauce werden ohne Nudeln auch einmal als Hauptgericht serviert und dann ebenfalls mit Polenta angerichtet.

FÜR 4 PORTIONEN
800 g rohe Scampi in der Schale
2 Knoblauchzehen
½ Bund Petersilie
400 g Tomaten
4 EL Olivenöl
100 ml trockener Weißwein oder Prosecco
2 Lorbeerblätter
Salz · Pfeffer
400 g Spaghetti

1 Scampi am Rücken durch den Panzer einschneiden. Den schwarzen Darm entfernen, die Scampi waschen. Pro Person je nach Größe 1–2 Scampi im Panzer lassen, die übrigen aus dem Panzer brechen und das Fleisch würfeln.

2 Den Knoblauch schälen und fein hacken. Petersilie waschen, trockenschütteln und die Blättchen ebenfalls sehr fein hacken. Die Tomaten mit kochendem Wasser überbrühen, kurz ziehen lassen, kalt abschrecken und häuten. Die Tomaten halbieren, entkernen und das Fruchtfleisch im Mixer fein pürieren.

3 Das Öl in einem weiten Topf erhitzen. Die Scampi im Panzer darin 4–5 Minuten braten. Aus dem Topf nehmen.

4 Knoblauch, Petersilie und gewürfeltes Scampifleisch im verbliebenen Öl kurz andünsten. Mit Tomatenpüree und Wein aufgießen. Lorbeerblätter zugeben, die Sauce leicht salzen und pfeffern und offen bei schwacher bis mittlerer Hitze etwa 5 Minuten köcheln lassen, bis sie dickflüssig ist.

5 In der Zwischenzeit für die Nudeln reichlich Wasser zum Kochen bringen und salzen. Die Spaghetti darin al dente garen.

6 Die ganzen Scampi in die Sauce einlegen und nochmals erhitzen. Die Nudeln abgießen und abtropfen lassen, mit der Sauce mischen. Die Nudeln in vorgewärmte Teller verteilen, dabei jede Portion mit den ganzen Scampi garnieren.

Variante: **Spaghetti vongole** (Spaghetti mit Venusmuscheln)
1 kg Venusmuscheln waschen (geöffnete Muscheln aussortieren) und mit 2 gehackten Knoblauchzehen und 2 EL Olivenöl in einem Topf bei starker Hitze zugedeckt 5 Minuten garen, bis sie sich öffnen. Abtropfen lassen, dabei den Sud auffangen. Muscheln (geschlossene Exemplare aussortieren) aus den Schalen lösen, mit dem gesiebten Sud und etwas frisch gehackter Petersilie noch einmal gut erwärmen, salzen, pfeffern und mit frisch gekochten Spaghetti und noch etwas Olivenöl mischen. Heiß servieren.

Polenta / Polenta

Dicke und sättigende Getreidebreie gab es im Veneto wie auch im angrenzenden Friaul schon vor vielen hundert Jahren. Allerdings handelte es sich anfangs wohl eher um Hirse, Dinkel und Gerste, die da im großen Topf über dem Feuer hingen. Schon die Römer bereiteten einen Getreidebrei zu, den sie puls *oder* pultes *nannten. Von dieser Bezeichnung stammt wahrscheinlich der Name Polenta ab.*

Aus Amerika kam der Mais zu uns und Christoph Kolumbus war es, der ihn von einer seiner Reisen mitbrachte. In Europa wurde er zuerst in Andalusien angebaut und verbreitete sich von dort aus in andere Länder. Es dauerte nicht lange, bis man aus dem mehr oder weniger fein gemahlenen beziehungsweise zerstoßenen Mehl der getrockneten Maiskörner Brei kochte. Er war gesund, machte satt und schmeckte einfach zu allem, ob pikant oder süß zubereitet.

Bereits im 17. Jahrhundert wurde überall im Veneto Mais angebaut, wo er ideale Bedingungen vorfand. Weiter im Norden war es ihm zu kalt und weiter im Süden zu trocken. Die Polenta wurde das Hauptnahrungsmittel der Armen und kam häufiger auf den Tisch als Brot. Und obwohl ihr der Hauch des Arme-Leute-Essens anhaftet, ist Polenta auch heute noch eine der beliebtesten Beilagen Venedigs und des ganzen Veneto.

Übrigens wurde die Polenta ursprünglich in einem großen Topf direkt über dem Feuer gegart. Das soll ihr ein rauchiges Aroma verliehen haben. Um die 45 Minuten dauert es, bis das Mehl die richtige Konsistenz hat, die Polenta ist dann so weich, dass sie sich formen lässt, aber doch so fest, dass man sie auch warm schneiden kann. Traditionsbewusste stürzen den Brei auf ein Brett und zerteilen ihn mit einem Faden, wenn er noch heiß ist. Abgekühlt schneidet man ihn mit dem Messer und brät ihn in Butter oder Öl oder aber in einer Mischung aus beidem.

Im Veneto gibt es auch Polenta aus weißem Mais. Vor allem in Treviso und Umgebung zieht man sie dem gelben Maisgrieß oft vor. Die weiße Polenta ist etwas feiner und milder im Geschmack und wird genauso zubereitet wie die gelbe.

FÜR 4 PORTIONEN
etwa 1 TL Salz
300 g feiner Maisgrieß

1 In einem hohen Topf (Vorsicht: die Polenta spritzt leicht) knapp 1 l Wasser mit dem Salz zum Kochen bringen.

2 Den Maisgrieß mit einem hölzernen Kochlöffel nach und nach gründlich unterrühren. Die Hitze auf die kleinste Stufe stellen und die Polenta unter häufigem Rühren etwa 30 Minuten garen. Wenn sie dabei zu sehr spritzt, kurz den Deckel auflegen. Polenta abschmecken und heiß servieren.

Variante: **Polenta fritta** (Gebratene Polentaschnitten)
Den Maisgrieß in etwa ¾ l Wasser garen, in eine kalt ausgespülte Schüssel füllen und erkalten lassen. Die Polenta aus der Schüssel stürzen, in Scheiben schneiden und diese in einer Mischung aus Öl und Butter von beiden Seiten goldbraun braten.

Tipp: In vielen Geschäften ist inzwischen Instant-Polenta im Angebot. Sie ist vorgekocht und braucht daher nur noch eine Garzeit von etwa 5 Minuten. Polentakenner entdecken den Unterschied wahrscheinlich, aber auch diese Schnellpolenta hat einen guten Geschmack. Halten Sie sich bei der Zubereitung an die Angaben auf der Packung.

Polenta fasiolada
Polenta mit Bohnen

*D*ie Mischung von Bohnen und Polenta – die man auch Polenta infasolà *nennt – war früher im Veneto nicht das ganze Jahr über üblich. Vielmehr bereiteten die Bauern das sättigende Gericht im Spätsommer und Herbst zu, wenn die Bohnen frisch geerntet wurden. Aber auch mit getrockneten und eingeweichten Borlottibohnen schmeckt die Polenta sehr gut. Übrigens kochte man das Gericht früher tatsächlich nur aus Bohnen und Polenta, heute kommen schon einmal ein paar zusätzliche Ingredienzen hinzu, um den Geschmack etwas zu verfeinern. In jedem Fall ist die Polenta eher feucht und saftig, wenn man sie serviert.*

1 Die Bohnen in einer Schüssel mit Wasser bedecken und über Nacht quellen lassen. Am nächsten Tag abgießen und abtropfen lassen.

2 Die Zwiebel schälen und sehr fein hacken. Pancetta in kleine Würfel schneiden. Kräuter waschen und trockenschütteln, Blätter und Nadeln von den Stielen zupfen und fein hacken.

3 Das Öl in einem großen Topf erhitzen. Die Zwiebel- und Pancettawürfel sowie die Kräuter darin andünsten. Bohnen dazugeben und mit 1 ½ l Wasser aufgießen. Wasser zum Kochen bringen und die Bohnen zugedeckt bei schwacher Hitze etwa 1 ½ Stunden garen, bis sie fast weich sind.

4 Die Bohnen mit Salz abschmecken. Den Maisgries unterrühren und alles weitere 30 Minuten garen, bis die Polenta weich ist. Die Mischung abschmecken und servieren.

FÜR 4 PORTIONEN
200 g getrocknete Borlottibohnen
1 Zwiebel
100 g Pancetta oder Sopressa
(weiche Salami aus dem Veneto)
1 Zweig Salbei
1 Zweig Rosmarin
1 EL Olivenöl
Salz
300 g feiner Maisgries

Polenta al formaggio
Polenta mit Käse

1 In einem hohen Topf die Brühe zum Kochen bringen. Den Maisgrieß mit einem hölzernen Kochlöffel nach und nach gründlich unterrühren. Die Temperatur auf die kleinste Stufe stellen und die Polenta unter häufigem Rühren etwa 30 Minuten garen. Wenn sie dabei zu sehr spritzt, kurz den Deckel auflegen.

2 Den Käse von der Rinde befreien und reiben oder in kleine Würfel schneiden. Die Butter ebenfalls in kleine Stücke schneiden und mit dem Käse unter die Polenta rühren. Kurz weiterrühren, bis der Käse schmilzt. Die Polenta mit Pfeffer und eventuell etwas Salz abschmecken und heiß servieren.

FÜR 4 PORTIONEN
knapp 1 l Gemüse- oder
Fleischbrühe
300 g feiner Maisgrieß
150 g junger Asiago
20 g Butter
Pfeffer
eventuell Salz

Polenta e funghi
Polenta mit Pilzen

Frische Steinpilze gibt es im Spätsommer und Herbst in vielen Wäldern der Terraferma. Zusammen mit Polenta und Käse ergeben sie ein sättigendes und wärmendes Gericht, das man besonders gerne an den ersten kühlen Tagen der zweiten Jahreshälfte zubereitet.

Bei uns bekommt man frische Steinpilze auf den Märkten und im Gemüsegeschäft. Oft sind sie heute halbiert, damit der Käufer sich davon überzeugen kann, dass die teuren Pilze nicht von Würmern zerfressen sind. Allerdings sollte man dann besonders darauf achten, dass die Schnittstellen frisch, also nicht angetrocknet sind.

FÜR 4 PORTIONEN
300 g feiner Maisgrieß
etwa 1 TL Salz
500 g frische Steinpilze oder
gemischte Pilze
1 Zwiebel
2 Knoblauchzehen
2 EL Olivenöl
20 g Butter
Pfeffer
1 EL Zitronensaft
ein paar Salbeiblättchen
150 g Asiago oder Montasio

Außerdem:
Butter für die Form

1 Aus dem Grieß und knapp ¾ l Salzwasser eine feste Polenta kochen (siehe Seite 52) und in eine Schüssel füllen, abkühlen lassen.

2 Die Pilze putzen und in feine Scheiben schneiden. Zwiebel und Knoblauch schälen und beides fein hacken.

3 Öl und Butter in einer Pfanne erhitzen. Zwiebel und Knoblauch darin andünsten. Pilze dazugeben und bei starker Hitze unter Rühren etwa 5 Minuten braten. Mit Salz, Pfeffer und Zitronensaft abschmecken.

4 Den Backofen auf 180 °C (Umluft 160 °C) vorheizen. Eine feuerfeste Form mit etwas Butter ausstreichen. Von der Polenta mit zwei angefeuchteten Esslöffeln Klößchen abstechen und nebeneinander in die Form setzen. Die Pilze darauf verteilen und mit Salbeiblättchen belegen. Den Käse in Würfel schneiden und auf den Pilzen verteilen.

5 Die Polenta im Ofen (Mitte) etwa 25 Minuten überbacken, bis der Käse geschmolzen und leicht braun ist. Herausnehmen und servieren.

Risotto / Risotto

Kaum ein festliches Essen oder ein Schmaus in einer bäuerlichen Trattoria, in der nicht ein sämiger Risotto in der Menüfolge eingeplant wird.

Im Veneto steht der Reis bei den primi *an erster Stelle. Reissorten für die Zubereitung eines Risotto gibt es mehrere, doch nur eine davon stammt auch tatsächlich aus dem Veneto: der* Riso Vialone nano veronese. *Er wird seit über 500 Jahren in der Tiefebene von Verona angebaut und geerntet, wo durch die zahlreichen Flüsse die Bedingungen für den Reisanbau ideal sind. Im April und Mai erfolgt die Aussaat, im Frühherbst nach der Trockenlegung der Felder die Ernte. Die Körner werden getrocknet und von den äußeren Schichten befreit, bevor sie in den Handel kommen.*

Risottoreis ist immer ein so genannter Mittelkornreis, der, wie der Name schon sagt, mittelgroße und eher runde Körner hat. Die weißen Reiskörner haben einen feinen Geschmack und werden im Veneto auf zahlreiche Arten zubereitet – mit Gemüse, mit Geflügel oder Fleisch und in der Lagunenstadt selbst natürlich am liebsten mit Fisch, sei es mit Meeresfrüchten oder auch einmal mit Fischfilet oder aromatischem Aal.

Auch wenn sie nicht aus dem Veneto stammen, so können Sie natürlich ebenfalls die anderen Risottoreissorten verwenden: Carnaroli *aus der Lombardei oder dem Piemont beziehungsweise* Baldo *oder* Arborio, *beide ebenfalls aus dem Piemont.*

Bei der Zubereitung eines Risotto sind zwei Dinge besonders wichtig: der Reis darf nicht gewaschen werden, weil die Stärke, die den Körnern anhaftet, bewirkt, dass der Risotto schön sämig wird. Aus dem gleichen Grund wird immer nur so viel Flüssigkeit dazugegeben, dass der Reis knapp davon bedeckt ist und man muss so oft wie möglich umrühren, damit die Körner gleichmäßig garen. Und: Der Risotto ist fertig, wenn die Reiskörner wie Nudeln in der Mitte noch einen winzigen festen Kern haben, also „al dente" sind.

Für 4 Portionen
1 kleine Zwiebel
50 g Butter
400 g Rundkornreis
⅛ l trockener Weißwein oder Prosecco
etwa 1 l heiße Fleisch- oder Gemüsebrühe
50 g frisch geriebener Parmesan
Salz · Pfeffer

1 Die Zwiebel schälen und fein würfeln. In einem Topf 20 g Butter schmelzen, aber nicht braun werden lassen. Die Zwiebel darin unter Rühren etwas andünsten. Den Reis ungewaschen (!) auf einmal dazuschütten und so lange rühren, bis alle Körner von einem feinen Fettfilm überzogen sind.

2 Den Wein angießen und unter Rühren verdampfen lassen. 2 Schöpfkellen heiße Brühe dazugeben und den Reis offen bei mittlerer Hitze unter Rühren so lange garen, bis die Flüssigkeit aufgesogen und verdampft ist. Dann erneut 2 Schöpfkellen Brühe dazugeben und aufsaugen lassen. So nach und nach die gesamte Brühe portionsweise dazugeben und den Reis so oft wie möglich durchrühren, damit der Risotto schön sämig wird.

3 Wenn der Reis al dente ist, sich ein Korn also leicht beißen lässt, aber in der Mitte noch einen kleinen festen Kern hat, die übrige Butter in kleine Stücke schneiden und mit dem Parmesan unter den Reis ziehen. Den Risotto mit Salz und Pfeffer abschmecken und servieren.

Risotto alla sbirraglia
Risotto mit Huhn

Im Originalrezept wird für diesen Risotto eine kräftige Brühe aus den ausgelösten Knochen des ganzen Huhns und Rindfleisch mit Gemüse und Gewürzen gekocht. Das Hühnerfleisch wird dann später mit dem Reis gegart. Wer den Risotto für mehr Esser zubereiten will, kann das auch heute noch machen, für vier Personen ist ein ganzes Huhn im Risotto allerdings zu viel. Dennoch ist der Risotto auch so noch gehaltvoll genug, dass man ihn auch als secondo *servieren kann, eventuell im Anschluss an ein paar feinen Kleinigkeiten aus dem ersten Kapitel.*

Woher der Name des aromatischen Reisgerichtes kommt, ist nicht geklärt. Es wird vermutet, dass die habsburgischen Wächter der Serenessima die Angewohnheit hatten, im Schutz der Nacht Hühner zu stehlen, um sie zur Hauptzutat eines gehaltvollen Gerichtes zu machen. Damit gestalteten sie sich die langen Wachnächte, vor allem im Winter, angenehmer. Etwas abfällig wurden die Wachmänner von der Bevölkerung sbirri *(Schergen) genannt.*

1 Je 1 Möhre und 1 Stange Sellerie schälen oder waschen und in grobe Stücke schneiden. Das Hühnerfleisch häuten und von den Knochen lösen. Das Rindermark aus dem Knochen herauslösen.

2 Das vorbereitete Gemüse mit den Hühner- und dem Rinderknochen, den Lorbeerblättern und der Zitronenschale in einen Topf geben, mit 1 l Wasser begießen und zum Kochen bringen. Alles zugedeckt bei schwacher Hitze etwa 45 Minuten garen, dann die Brühe sieben und mit Salz und Pfeffer würzen. Heiß halten.

3 Während die Brühe gart, das Hühnerfleisch in kleine Würfel schneiden, das Rindermark ebenfalls würfeln. Die Zwiebel schälen und sehr fein hacken. Das übrige Gemüse schälen oder waschen, putzen und ebenfalls sehr fein schneiden.

4 Das Öl mit dem Rindermark in einen Topf geben und erhitzen. Die Zwiebel mit dem Gemüse darin unter Rühren gut andünsten. Das Hühnerfleisch dazugeben und mitdünsten, bis es gleichmäßig hell ist. Mit dem Wein aufgießen und die Mischung bei schwacher Hitze offen etwa 10 Minuten garen.

5 Den Reis dazuschütten, umrühren und garen, dabei nach und nach die Hühnerbrühe zugießen.

6 Parmesan und die Butter in kleinen Stücken unter den fertigen Risotto ziehen. Mit Salz und Pfeffer abschmecken und servieren.

Dazu: Frisch geriebener Parmesan

Für 4 Portionen

2 Möhren
2 Stangen Staudensellerie
1 Hähnchenbrust mit Knochen
1 Hähnchenkeule
1 Rindermarkknochen
2 Lorbeerblätter
1 Stück unbehandelte Zitronenschale
Salz · Pfeffer
1 Zwiebel
2 EL Olivenöl
$\frac{1}{8}$ l trockener Weißwein oder Prosecco
300 g Risottoreis
30 g frisch geriebener Parmesan
10 g Butter

Risotto al radicchio
Radicchio-Risotto

In einen Risotto mit Gemüse kommt im Veneto grundsätzlich das, was die Jahreszeit gerade im Überfluss bietet. So können das wilde Kräuter im Frühling sein, Hopfensprossen, Spargel oder Zucchini. Die meisten Risotti werden relativ einfach zubereitet, bekommen ihr Aroma durch die Güte der Zutaten. Natürlich können Sie aber bei allen Rezepten auch etwas variieren, beispielsweise andere Kräuter zugeben, zusätzlich ein paar Nüsse oder Pinienkerne einstreuen oder auch einmal einen anderen Käse untermischen.

Der Risotto mit Radicchio wird im Originalrezept mit Weißwein zubereitet, durch den Rotwein bekommt er aber eine schöne rosa Farbe, die so gut zu dem würzigen Gemüse passt. Wer den Risotto milder mag, kann einen Teil der Brühe durch Milch ersetzen.

FÜR 4 PORTIONEN
300 g Radicchio di Treviso
1 kleine Zwiebel
2 Knoblauchzehen
3 EL Butter
1/8 l trockener Rotwein
350 g Risottoreis
knapp 1 l heiße leichte Fleisch- oder Gemüsebrühe
40 g frisch geriebener Parmesan
Salz · Pfeffer

1 Den Radicchio von den welken Blättern befreien, waschen und in kleine Würfel schneiden. Die Zwiebel und den Knoblauch schälen und beides fein hacken.
2 Zwiebel, Knoblauch und Radicchio in der Hälfte der Butter andünsten. Mit dem Wein ablöschen und diesen verdampfen lassen. Den Reis dazugeben und unter Rühren garen, dabei nach und nach die heiße Brühe zugießen.
3 Die übrige Butter in Stücke schneiden und mit dem Parmesan unter den fertigen Risotto ziehen. Mit Salz und Pfeffer abschmecken und servieren.

DAZU: Frisch geriebener Parmesan

Risotto alla zucca
Kürbis-Risotto

FÜR 4 PORTIONEN
1 Stück Kürbis (etwa 500 g)
1 Zwiebel
3 EL Olivenöl
40 g Butter
350 g Risottoreis
knapp 1 l heiße leichte Fleisch- oder Gemüsebrühe
1 Bund Petersilie
40 g frisch geriebener Parmesan
Salz
Pfeffer

1 Den Kürbis schälen und von den Kernen mit dem faserigen Fruchtfleisch befreien. Das Fruchtfleisch raspeln. Zwiebel schälen und fein hacken.
2 Das Öl mit 10 g Butter erhitzen. Zwiebel und Kürbisraspel darin bei schwacher Hitze so lange andünsten, bis diese schön weich sind und fast zerfallen. Den Reis dazuschütten und garen, dabei nach und nach die heiße Brühe zugießen.
3 Die Petersilie waschen und trockenschwenken, die Blättchen fein hacken. Übrige Butter in Stücke schneiden und mit dem Parmesan und der Petersilie unter den fertigen Risotto ziehen. Mit Salz und Pfeffer abschmecken und servieren.

DAZU: Frisch geriebener Parmesan

Variante: Versuchen Sie auch einmal ein Wirsingrisotto. Statt Kürbis Wirsing klein schneiden und mit der Zwiebel andünsten. Als Kraut passt dann Salbei ebenso gut wie Rosmarin.

Risotto nero
Schwarzer-Tintenfisch-Risotto

FÜR 4 PORTIONEN

400 g küchenfertige Tintenfische
mit Tintenbeutel (ersatzweise
2 Beutel Tintenfischtinte aus dem
Fischgeschäft)
2 Knoblauchzehen
1 Zwiebel
2 EL Olivenöl
$\frac{1}{8}$ l trockener Weißwein
$\frac{3}{4}$ l heißer Fischfond
Salz · Pfeffer
350 g Risottoreis
1 Stück unbehandelte
Zitronenschale
$\frac{1}{2}$ kleines Bund Petersilie
20 g Butter

1 Die Tintenbeutel vorsichtig aus den Tintenfischen nehmen und in eine Schüssel legen. Tintenfische gründlich waschen und in feine Streifen schneiden.
2 Den Knoblauch und die Zwiebel schälen und fein hacken, beides im Öl andünsten. Tintenfischstreifen dazugeben und kurz andünsten. Mit dem Wein und $\frac{1}{8}$ l Fischfond aufgießen, mit Salz und Pfeffer würzen und zugedeckt bei schwacher Hitze etwa 30 Minuten schmoren.
3 Den Reis untermischen. Die Tintenbeutel vorsichtig öffnen, die Tinte zum Reis geben und gut untermischen. Reis unter Rühren offen garen, dabei den restlichen Fischfond zugießen.
4 Die Zitronenschale sehr fein hacken. Petersilie waschen und trockenschütteln, Blättchen fein hacken. Butter in Stücke schneiden und mit Zitronenschale und Petersilie unter den Risotto mischen. Mit Salz und Pfeffer abschmecken und servieren.

Tipp: Hübsch und lecker sind Kürbisblüten auf dem schwarzen Risotto. Dafür etwa 8 Kürbisblüten (oder Zucchiniblüten) vom Stempel in der Mitte befreien und der Länge nach vierteln. In einer Pfanne etwas Olivenöl erhitzen und die Blüten darin bei mittlerer Hitze etwa 4 Minuten braten, dabei ab und zu vorsichtig umrühren. Die Kürbisblüten leicht salzen und pfeffern und vor dem Servieren auf dem Risotto anrichten.

Risotto agli scampi
Scampi-Risotto

Diesen wohlschmeckenden Risotto serviert man auch in Harry's Bar. Dort werden die Scampi vor dem Untermischen kurz angebraten, mit Cognac flambiert und mit einer Spur Currypulver gewürzt. Versuchen Sie es auch einmal.

FÜR 4 PORTIONEN

500 g Scampi
1 EL Olivenöl
2 Lorbeerblätter
Salz
1 kleine Zwiebel
2 Knoblauchzehen
30 g Butter
2 EL Cognac nach Belieben
$\frac{1}{8}$ l trockener Weißwein
350 g Risottoreis
$\frac{1}{4}$ Bund Petersilie
Pfeffer

1 Die Scampi waschen und die Panzer aufbrechen. Das Fleisch herauslösen, vom Darm befreien, waschen, trockentupfen und beiseite stellen. Das Öl in einem Topf erhitzen. Die Scampipanzer, -köpfe und -scheren darin kräftig anbraten. Mit 1 l Wasser aufgießen, Lorbeer einlegen und salzen. Alles etwa 20 Minuten köcheln lassen, dann den Sud durch ein Sieb gießen und auffangen. Die Scheren aufbrechen, das Fleisch herauslösen, fein schneiden.
2 Die Zwiebel und den Knoblauch schälen und beides fein hacken. Zwiebel, Knoblauch und ausgelöstes Scherenfleisch in der Hälfte der Butter andünsten. Mit dem Cognac und dem Wein ablöschen und die Flüssigkeit verdampfen lassen. Den Reis dazuschütten und garen, dabei nach und nach den heißen Scampisud zugeben.
3 Wenn der Reis halbgar ist, das Scampifleisch in Würfel schneiden und untermischen. Die Petersilie waschen, trockenschütteln und die Blättchen fein hacken. Übrige Butter in Stücke schneiden und mit der Petersilie unter den fertigen Risotto ziehen. Mit Salz und Pfeffer abschmecken und servieren.

Risotto ai frutti di mare
Meeresfrüchte-Risotto

Je bunter die Mischung der Meeresfrüchte, desto besser wird dieser Risotto. In manchen Rezepten wird wie in anderen Risotti geriebener Käse untergemischt, uns schmeckt er aber ohne besser. Wer möchte, kann es ausprobieren, sollte aber in jedem Fall nur ganz wenig Käse nehmen.

1 Die Muscheln waschen, geöffnete Exemplare wegwerfen. Tintenfische waschen und in Streifen schneiden. Das Garnelen- oder Scampifleisch aus den Schalen lösen, vom Darm befreien, waschen und trockentupfen.

2 Die Tomate waschen und würfeln, die Zitronenhälfte heiß waschen und in Scheiben schneiden. Beides mit dem Wein, den Lorbeerblättern, den Pfefferkörnern und ¾ l Wasser zum Kochen bringen und salzen. Tintenfische in den Sud geben und 1 Minute darin garen. Mit dem Schaumlöffel herausheben und abtropfen lassen. Muscheln in den Sud geben und zugedeckt bei starker Hitze 5 Minuten kochen. Abgießen, den Sud dabei auffangen. Noch immer geschlossene Muscheln wegwerfen, die übrigen aus den Schalen lösen. Den Sud durch eine Filtertüte laufen lassen.

3 Sellerie waschen, putzen und in kleine Würfel schneiden. Knoblauch schälen und fein hacken. Sellerie und Knoblauch in der Hälfte der Butter andünsten. Reis dazugeben und garen, dabei nach und nach den heißen Muschelsud zugeben. Wenn der Reis halbgar ist, die Garnelen mit dem Muschelfleisch und den Tintenfischstreifen untermischen.

4 Übrige Butter in Stücke schneiden und unter den fertigen Risotto ziehen. Mit Salz abschmecken und servieren.

FÜR 4 PORTIONEN

500 g gemischte Muscheln
(Miesmuscheln, Venusmuscheln
und Messerscheiden)
200 g Tintenfische (ohne Tinte)
200 g Garnelen oder Scampi
1 Tomate
½ unbehandelte Zitrone
¼ l Weißwein
2 Lorbeerblätter
2 TL Pfefferkörner
Salz
1 Stange Staudensellerie
2 Knoblauchzehen
30 g Butter
350 g Risottoreis

Risi e bisi
Reis mit Erbsen

Im Frühjahr kommen aus Venedigs Gemüsegarten, der Insel Sant'Erasmo, die ersten zarten Erbsen. Zeit, sie zu einem Nationalgericht der Venezianer zu verarbeiten, dem risi e bisi, das man schon seit Jahrhunderten nach dem Ende des Winters zubereitet und das damals zu jedem festlichen Bankett des Frühlings unbedingt dazugehörte. Vor allem wird es jedes Jahr am 25. April zu Ehren des Stadtpatrons San Marco zubereitet. Früher hatte der Doge die Pflicht und die Freude, den ersten Teller davon zu kosten, bevor sich auch die anderen das begehrte Frühlingsgericht schmecken ließen.

FÜR 4 PORTIONEN
1 Zwiebel
40 g Pancetta
½ Bund Petersilie
40 g Butter
350 g Rundkornreis
1 ½ l heiße Fleisch- oder Gemüsebrühe
300 g frisch gepalte zarte Erbsen
4 EL frisch geriebener Parmesan
Salz · Pfeffer

1 Die Zwiebel schälen und sehr fein hacken. Pancetta in kleine Würfel oder Streifen schneiden. Die Petersilie waschen und trockenschwenken, ein paar Blättchen beiseite legen, den Rest fein hacken.

2 In einem Topf die Hälfte der Butter zerlassen, die Zwiebel- und Pancettawürfel sowie die Petersilie darin andünsten, bis das Speckfett glasig ist. Reis zugeben und gut unterrühren.

3 Ein Viertel der heißen Brühe angießen, die Erbsen untermischen und den Reis offen bei schwacher Hitze in etwa 20 Minuten bissfest garen, dabei nach und nach die restliche Brühe angießen.

4 Die übrige Petersilie fein hacken. Die restliche Butter in kleine Würfel schneiden und mit dem Käse unter den fertigen Reis rühren. Den Reis mit Salz und Pfeffer abschmecken, mit der Petersilie bestreuen und servieren.

DAZU: Frisch geriebener Parmesan

Riso e patate
Reis mit Kartoffeln

Eine ungewöhnliche Mischung, die allerdings auch ungewöhnlich gut schmeckt. Der Unterschied zwischen einem Risotto und einem Riso besteht übrigens nur in der Zugabe von mehr oder weniger Flüssigkeit. Ein Riso ist feuchter, ähnelt in der Konsistenz eher einer dickflüssigen Suppe.

FÜR 4 PORTIONEN
300 g fest kochende Kartoffeln
1 Zwiebel · 50 g Pancetta
2 Zweige Rosmarin
40 g Butter
300 g Rundkornreis
1 ½ l heiße Fleisch- oder Gemüsebrühe
2–3 EL frisch geriebener Parmesan
Salz · Pfeffer

1 Die Kartoffeln schälen, waschen und in kleine Würfel schneiden. Die Zwiebel schälen und fein hacken. Pancetta in kleine Würfel schneiden. Rosmarin waschen und trockenschwenken, die Nadeln abzupfen und fein hacken.

2 In einem Topf die Hälfte der Butter zerlassen, die Zwiebel- und Pancettawürfel darin andünsten. Den Rosmarin untermischen, dann die Kartoffeln dazugeben und kurz andünsten. Den Reis gut unterrühren.

3 Ein Viertel der heißen Brühe angießen und den Reis ohne Deckel bei schwacher Hitze in etwa 20 Minuten bissfest garen, dabei nach und nach die übrige Brühe angießen.

4 Die restliche Butter in kleine Würfel schneiden und mit dem Käse unter den fertigen Reis rühren. Den Reis mit Salz und Pfeffer abschmecken und warm servieren.

Ravioli all'anatra
Entenravioli mit Kürbis

Teigtaschen kommen im Veneto vor allem an Festtagen auf den Tisch und werden dann meist mit ungewöhnlichen Füllungen wie dieser serviert. Gut schmeckt auch Fasan statt Ente und wer eine vegetarische Version bevorzugt, hält sich an Radicchio oder Kürbis.

FÜR 4–6 PORTIONEN

Für den Teig:
300 g Mehl
3 Eier
1 TL Salz

Für die Füllung:
1 Entenbrust (etwa 370 g)
1 kleine Zwiebel
1 kleine Möhre
½ Stange Staudensellerie
2 EL Olivenöl
⅛ l trockener Weiß- oder Rotwein
50 g altbackenes Brot
1 Ei
30 g frisch geriebener Parmesan
Salz · Pfeffer

Außerdem:
1 Stück Kürbis (etwa 200 g)
200 g frische Steinpilze oder andere Pilze
Salz
20 g Butter
2 EL Olivenöl
ein paar Salbeiblättchen
Pfeffer

1 Für den Teig das Mehl mit den Eiern und dem Salz zu einem glatten geschmeidigen Teig verkneten. Zu einer Kugel formen, in ein Küchentuch wickeln und bei Zimmertemperatur ruhen lassen, bis die Füllung zubereitet ist.

2 Für die Füllung die Entenbrust von der Fettschicht befreien und in kleine Würfel schneiden. Zwiebel und Möhre schälen, Sellerie waschen und putzen, alles fein schneiden. Das Öl in einem Topf erhitzen, Gemüse darin anbraten. Entenwürfel zugeben und kräftig anbraten, mit dem Wein ablöschen und diesen unter Rühren fast verdampfen lassen. Entenragout zugedeckt bei schwacher Hitze etwa 15 Minuten schmoren.

3 Inzwischen das Brot in lauwarmem Wasser weich werden lassen. Das Entenragout im Blitzhacker zerkleinern. Brot ausdrücken, fein zerdrücken und mit dem Ei und dem Käse zum Fleisch geben. Alles mit Salz und Pfeffer abschmecken und gründlich vermischen.

4 Den Teig noch einmal durchkneten und in der Nudelmaschine oder auf wenig Mehl dünn ausrollen. Je 1 gehäuften Teelöffel Füllung im Abstand von etwa 5 cm auf die eine Hälfte der Teigplatten setzen. Die andere Hälfte der Teigplatten darüberschlagen, den Teig zwischen der Füllung leicht andrücken und Ravioli ausschneiden. Die Ränder mit den Zinken einer Gabel (zwischendurch in Mehl tauchen) gut zusammendrücken. Die Ravioli nebeneinander auf bemehlte Küchentücher legen.

5 Den Kürbis schälen, von den Kernen mit dem faserigen Fruchtfleisch befreien und in dünne, nicht zu große Scheiben schneiden. Die Pilze putzen, ebenfalls in Scheiben schneiden.

6 Für die Ravioli reichlich Wasser zum Kochen bringen, salzen. Die Ravioli darin al dente kochen, das dauert etwa 3 Minuten.

7 Schon während das Wasser heiß wird, die Butter mit dem Öl erhitzen. Die Kürbisscheiben darin unter Rühren bei mittlerer Hitze etwa 5 Minuten braten, dann die Pilze mit den Salbeiblättchen dazugeben und weitere 4–5 Minuten garen. Mit Salz und Pfeffer abschmecken.

8 Die Ravioli abgießen und auf vorgewärmte Teller verteilen. Mit den Kürbis- und Pilzscheiben garnieren und servieren.

DAZU: Frisch geriebener Parmesan

Gnocchi di patate al radicchio

Kartoffelklößchen mit Radicchiosauce

Kartoffelgnocchi gelten bei vielen als Spezialität des Piemont, werden aber in ganz Norditalien gern und oft zubereitet. In Verona feiert man sogar ein Gnocchifest und in Treviso kombiniert man die feinen Klößchen mit dem Gemüse der Region, dem würzigen Radicchio mit den länglichen Blättern. Eine ausgesprochen gelungene Verbindung!

1 Die Kartoffeln waschen und mit der Schale in Wasser weich kochen. Die Kartoffeln etwas ausdampfen lassen, noch heiß schälen und durch die Kartoffelpresse drücken. Die Masse etwas abkühlen lassen, dann den Hartweizengrieß und das Salz dazugeben und alles zu einem weichen Teig verkneten, der formbar sein soll, aber nicht an den Fingern kleben darf. Bei Bedarf noch etwas Grieß unter die Kartoffelmasse mischen.

2 Aus dem Kartoffelteig auf der bemehlten Arbeitsfläche fingerdicke Rollen formen. Davon jeweils etwa 2 cm lange Stücke abschneiden und mit einer bemehlten Gabel leicht eindrükken, so dass die Klößchen feine Rillen haben. Die Gnocchi nebeneinander auf ein bemehltes Küchenbrett setzen und mindestens 15 Minuten antrocknen lassen. Wenn Sie sie länger trocknen, zwischendurch einmal wenden.

3 Anschließend in einem großen Topf reichlich Wasser zum Kochen bringen und salzen.

4 Für die Sauce den Radicchio von den welken Blättern befreien und in feine Streifen schneiden. Die Zwiebel schälen und fein hacken. Pancetta klein würfeln.

5 Die Gnocchi ins kochende Wasser geben und bei schwacher Hitze etwa 8 Minuten darin gar ziehen lassen.

6 Inzwischen die Butter zerlassen, Zwiebel- und Pancettawürfel darin unter Rühren andünsten. Den Radicchio dazugeben und kurz andünsten. Mit dem Prosecco und der Sahne ablöschen und die Sauce bei schwacher Hitze offen etwa 5 Minuten köcheln lassen.

7 Den Käse unter die Sauce mischen und schmelzen lassen. Die Sauce mit Salz, Pfeffer und Muskat abschmecken. Die Gnocchi abtropfen lassen und in einer vorgewärmten Schüssel mit der Radicchiosauce mischen. Rasch servieren.

Dazu: Frisch geriebener Parmesan oder Asiago

Für 4 Portionen

Für die Gnocchi:
800 g mehlig kochende Kartoffeln
200 g Hartweizengrieß
1 TL Salz

Für die Sauce:
300 g Radicchio di Treviso
1 Zwiebel
50 g Pancetta
10 g Butter
$\frac{1}{8}$ l Prosecco
150 ml Sahne
4 EL frisch geriebener Parmesan oder alter Asiago
Salz · Pfeffer
frisch geriebene Muskatnuss

Gnocchi di zucca
Kürbisgnocchi

Ein herbstliches Gericht aus Chioggia, wo auf den würzigen Böden – sie bekommen durch das nahe Salzwasser eine besondere Kraft – eine wohlschmeckende Kürbisart, der suca baruca, *grün und mit warziger Schale, gedeiht. Dieses Gericht war lange Zeit in Venedig und den nahen Städten so beliebt, dass es auf den Straßen im Ofen gegarten Kürbis schon fertig zu kaufen gab. Und den verarbeitete man dann besonders gerne zu diesen köstlichen Gnocchi, die man früher auch einmal mit Zucker und Zimt bestreute, um den süßen Kürbisgeschmack noch zu betonen. Übrigens kann man heute zwar keine gegarten Kürbisse kaufen, bereits geputzte Stücke des hübschen Gemüse sind aber auf vielen Märkten im Angebot.*

1 Den Backofen auf 180 °C (Umluft 160 °C) vorheizen. Den Kürbis von den Kernen mit dem faserigen Fruchtfleisch befreien, schälen und in Stücke schneiden. In einer feuerfesten Form im Ofen (Mitte) etwa 40 Minuten backen.

2 Den Kürbis etwas abkühlen lassen und das Fruchtfleisch fein pürieren. Das Püree mit den Eigelben, Mehl, Salz, Pfeffer und Muskat gründlich verrühren.

3 In einem großen Topf reichlich Salzwasser zum Kochen bringen. Vom Kürbisteig mit einem Teelöffel kleine Nocken abstechen und in das Wasser gleiten lassen. Die Kürbisgnocchi bei schwacher bis mittlerer Hitze etwa 10 Minuten im Wasser ziehen lassen.

4 Inzwischen den Salbei waschen und die Blättchen von den Stielen zupfen. Die Butter zerlassen und leicht braun werden lassen. Die Salbeiblättchen kurz darin braten.

5 Die Gnocchi mit einem Schaumlöffel aus dem Wasser heben und in vorgewärmte Teller verteilen. Mit der Salbeibutter beschöpfen und jeweils mit ganz wenig Zimt bestäuben.

FÜR 4–6 PORTIONEN

1 kg Kürbis
2 Eigelbe
300 g Mehl
Salz · Pfeffer
frisch geriebene Muskatnuss
2 Zweige Salbei
100 g Butter
1 Prise Zimtpulver

DAZU: Frisch geriebener Parmesan

Tipp: Obwohl der Kürbis im Ofen gebacken wird, ist er je nach Sorte auch nach dem Garen noch unterschiedlich feucht. Das hat natürlich Einfluss auf die Mehlmenge, die man zugeben muss. Machen Sie daher besser einen Probekloß, bevor Sie alle Gnocchi ins Wasser geben. Nur wenn er seine Form behält (1–2 Minuten sollten Sie abwarten!), auch die restlichen ins Wasser gleiten lassen.

Variante: **Gnocchi di zucca con spinaci** (Kürbisgnocchi mit Spinat)
Gut schmecken die Kürbisgnocchi auch mit Spinat. Dazu 300 g Blattspinat verlesen, gründlich waschen und in kochendem Salzwasser in 1–2 Minuten zusammenfallen lassen. In ein Sieb abgießen und mit den gekochten Gnocchi mischen. Die Butter ohne Salbei erhitzen, leicht braun werden lassen und über die Gnocchi und den Spinat verteilen. Mit frisch geriebenem Parmesan servieren.

Pesce
Hauptgericht mit Fisch

Fisch und Meeresfrüchte werden täglich frisch gefangen, immer wieder geht den Fischern etwas anderes ins Netz. Kein Wunder also, dass die Küche der Serenissima besonders reich an Fischgerichten ist. Dazu kommen die zahlreichen Süßwasserfische aus den Flüssen der Terraferma und der Stockfisch, den die Handelsmacht Venedig schon vor vielen Jahrhunderten entdeckte und der auch heute noch gerne auf dem Speiseplan der Venezianer steht. Häufig zeichnen sich die Fischgerichte Venedigs durch eine wunderbare Einfachheit aus, die dem Fisch tatsächlich die Hauptrolle lässt und ihn nicht mit komplizierten Saucen oder geschmacksintensiven Zutaten überdecken will.

Rotolini di trota
Forellenröllchen

Nach wie vor ist die Forelle der Fisch, der in den Flüssen der Terraferma wie auch in den bergigeren Regionen besonders häufig vorkommt. Die Familie der Forellen, die ja eng mit dem Lachs verwandt sind, ist recht groß. Man unterscheidet vor allem zwischen Flussforellen (und da gibt es in den Bergen auch noch einmal andere als in der Ebene) und Seeforellen. Im Gardasee kennt man sogar eine ganz eigene Sorte, die carpione *heißt. In der Region Treviso lebt eine Forellenart, die ursprünglich aus Nordamerika stammt und* arcobaleno *(Regenbogenforelle) genannt wird.*

So zahlreich kam die Forelle in den Süßwässern vor, dass sie sich keineswegs besonders großer Beliebtheit erfreute. Erst im 17. Jahrhundert kam sie gelegentlich auch einmal auf die Tische der reicheren Bevölkerungsschichten. Auch, dass die Forelle sich relativ leicht züchten lässt, sie also immer zur Verfügung steht und zu einem eher niedrigen Preis angeboten werden konnte und kann, trug nicht gerade dazu bei, dass sie zu den besonders begehrten Fischen wurde.

Heute schätzt man aber auch im Veneto ihr weiches und schmackhaftes Fleisch, das wenig Fett enthält, leicht verdaulich ist und sich auf zahlreiche Arten zubereiten lässt. Man schmort sie in Wein oder auf gedünstetem Radicchio, brät sie mit Kapern und Zitronensaft, räuchert sie, grillt sie oder packt sie in Pergamentpapier und brät sie im heißen Ofen. Besonders gut aber schmecken die Filets, zum Beispiel wie hier, mit einer Füllung belegt, aufgerollt und gebacken.

Übrigens kann man auch die Filets von Schleien gut auf diese Art zubereiten.

FÜR 4 PORTIONEN
200 g Rucola, kultivierter
Löwenzahn (Catalogna)
oder Radicchio
Salz
4 Forellenfilets (je etwa 100 g)
Pfeffer
abgeriebene Schale von
½ unbehandelten Zitrone
1 Möhre · 1 Zwiebel
2 Knoblauchzehen
1 Stange Staudensellerie
1 Zucchino · 40 g Butter
50 ml trockener Weißwein

Außerdem:
Zahnstocher zum Feststecken

1 Den Rucola, Löwenzahn oder Radicchio waschen. In einem Topf Wasser zum Kochen bringen und salzen. Die Blätter darin in 1–2 Minuten zusammenfallen lassen, in einem Sieb kalt abschrecken und abtropfen lassen.

2 Die Forellenfilets kalt abspülen und trockentupfen. Mit Salz, Pfeffer und Zitronenschale würzen und mit den Rucola-, Löwenzahn- oder Radicchioblättern belegen. Die Filets aufrollen und die Enden mit Zahnstochern feststecken.

3 Den Backofen auf 200 °C (Umluft 180 °C) vorheizen. Möhre, Zwiebel und Knoblauch schälen, den Sellerie und den Zucchino waschen, putzen und alles in feine Streifen oder Würfel schneiden. In einem Topf Wasser zum Kochen bringen und salzen. Möhren-, Sellerie- und Zucchinostreifen 2 Minuten darin blanchieren, kalt abschrecken und abtropfen lassen.

4 In einer feuerfesten Form die Hälfte der Butter schmelzen, das Gemüse mitsamt der Zwiebel und dem Knoblauch untermischen, mit dem Wein ablöschen und mit Salz und Pfeffer abschmecken. Die Fischröllchen auf das Gemüse setzen und mit der übrigen Butter in Flöckchen belegen. Die Forellenröllchen im heißen Ofen (Mitte) etwa 20 Minuten backen. Herausnehmen und mit dem Gemüse servieren.

BEILAGE: Brot oder Kartoffeln

Luccio in baffetta
Marinierte gebratene Hechtfilets

1 Die Fischstücke kalt abspülen und trockentupfen. Den Knoblauch schälen, die Zitrone heiß waschen und die Schale dünn abschneiden. Die Basilikumblättchen abzupfen. Knoblauch, Zitronenschale, Basilikum und Fenchelsamen sehr fein hacken. Die Zitrone auspressen, den Saft unterrühren. Die Mischung mit Salz und Pfeffer würzen und die Hechtstücke damit einreiben. Auf einen Teller legen, mit Klarsichtfolie bedecken und 8–12 Stunden im Kühlschrank durchziehen lassen.
2 Das Öl in einer Pfanne erhitzen. Die marinierten Hechtstücke darin bei mittlerer Hitze pro Seite 2–3 Minuten braten. Heiß auf vorgewärmten Tellern servieren.

BEILAGE: Brot und Salat

FÜR 4 PORTIONEN
4 Hechtfiletstücke (je etwa 200 g)
4 Knoblauchzehen
1 unbehandelte Zitrone
½ Bund Basilikum
3 EL Fenchelsamen
Salz · Pfeffer
4 EL Olivenöl

Triglie in umido
Rotbarben in Tomatensauce

1 Die Rotbarben waschen, bei Bedarf schuppen und trockentupfen. Die Fische innen und außen mit Salz und Pfeffer würzen.
2 Die Zwiebel und den Knoblauch schälen, die Zwiebel vierteln und in feine Streifen schneiden, den Knoblauch hacken. Die Kräuter waschen und trockenschwenken, Rosmarinnadeln von den Stielen zupfen und mit dem Salbei fein hacken. Tomaten mit kochendem Wasser überbrühen, häuten, entkernen und würfeln. Die Zitrone heiß waschen und abtrocknen, die Schale dünn abschneiden und fein hacken.
3 Das Öl in einer Pfanne erhitzen, die Zwiebel mit dem Knoblauch und den Kräutern darin anbraten. Rotbarben dazugeben und von beiden Seiten kurz anbraten. Tomaten, Zitronenschale und Wein mit Lorbeer und Wacholder dazugeben und alles mit Salz und Pfeffer würzen. Die Fische zugedeckt bei mittlerer Hitze etwa 10 Minuten schmoren.
4 Inzwischen die Petersilie waschen und trockenschwenken, die Blättchen fein hacken. Die Rotbarben mit der Petersilie bestreut servieren.

BEILAGE: Polenta oder gebratene Kartoffeln

FÜR 4 PORTIONEN
4 größere Rotbarben
(je etwa 300 g)
Salz · Pfeffer
1 Zwiebel
2 Knoblauchzehen
1 Zweig Rosmarin
4 Salbeiblättchen
400 g Tomaten
1 unbehandelte Zitrone
4 EL Olivenöl
⅛ l trockener Weißwein
2 Lorbeerblätter
2 Wacholderbeeren
½ Bund Petersilie

Branzino bollito
Gekochter Wolfsbarsch

Venezianer sind in Sachen Fisch verwöhnt, der täglich fangfrisch auf den Tisch kommt. Viele lieben Fisch deshalb möglichst einfach, im Ofen nur mit Kräutern und Öl oder eben im Sud gegart. Dazu gibt es dann manchmal nur einen Schuss bestes Olivenöl, gelegentlich aber auch Saucen wie diese. Ebenfalls beliebt: eine Sauce aus pürierten hart gekochten Eiern und flüssiger Butter, mit etwas Essig und Salz abgeschmeckt.

FÜR 4 PORTIONEN
1 Stange Staudensellerie
1 Möhre
1 Zwiebel
2 Knoblauchzehen
2 Zweige Rosmarin oder Salbei
¼ l trockener Weißwein
4 EL Weißweinessig
Salz · Pfeffer
2 Wolfsbarsche (je etwa 450 g)

Für die Sauce:
50 g Haselnusskerne
50 g Kapern
½ Bund Petersilie
150 g Butter
2 EL Semmelbrösel
2 TL Zitronensaft oder
Weißweinessig
Salz · Pfeffer

1 Den Sellerie waschen und putzen, Möhre, Zwiebel und Knoblauch schälen und alles in grobe Stücke schneiden. Die Kräuter kalt abspülen. Gemüse, Zwiebel, Knoblauch und Kräuter mit dem Wein, dem Essig und ¾ l Wasser in einem Topf zum Kochen bringen und mit Salz und Pfeffer abschmecken.

2 Inzwischen die Fische kalt abspülen und trockentupfen. In den Sud einlegen und die Wolfsbarsche darin bei schwacher Hitze und halb aufgelegtem Deckel in etwa 20 Minuten gar ziehen lassen. Der Sud soll dabei nicht stark kochen, sondern nur leise blubbern.

3 In dieser Zeit die Haselnusskerne für die Sauce fein hacken, die Kapern abtropfen lassen und grob hacken. Die Petersilie waschen und trockenschütteln, die Blättchen fein hacken.

4 Die Butter in einer Pfanne schmelzen, bis sie leicht braun wird. Haselnusskerne mit Semmelbröseln dazugeben und unter Rühren 1–2 Minuten braten. Kapern und Petersilie untermischen und die Sauce mit Zitronensaft, Salz und Pfeffer abschmecken.

5 Die Fische vorsichtig aus dem Sud heben, abtropfen lassen und filetieren. Die Filets auf vorgewärmten Tellern anrichten und mit etwas Sauce bedecken. Die übrige Sauce getrennt dazureichen.

BEILAGE: Risotto ohne Käse, gebratene oder gekochte Kartoffeln

Bisato al forno
Aal aus dem Ofen

Gerichte mit Aal hatten im Veneto immer eine große Bedeutung, denn dieser kam und kommt sowohl in der Lagune als auch in den Gewässern der Terraferma vor. Vor allem die Flüsse wie Livenza, Piave und Sile waren voll davon und man konnte sich auch in schlechten Zeiten an Aal immer sattessen – und ihn sogar noch fangen, ohne sich anzustrengen. Die Mühlen, die es am Fluss so zahlreich gab, schlossen einfach ihre Gitter und die Aale, die sich darin verfingen, konnten herausgefischt werden. Kein Wunder also, dass es im Veneto besonders viele Zubereitungsarten für Aal – der hier bisato, *sonst* anguilla *genannt wird – gibt, mal vom Grill, mal aus dem Ofen, mal aus dem Topf, mal im Risotto oder in* saor, *also süßsauer eingelegt wie Sardinen (Rezept Seite 41). Besonders gut schmeckt der fettreiche Fisch aber gegrillt oder mit frischen Lorbeerblättern.*

FÜR 4 PORTIONEN
1 kg küchenfertiger, abgezogener Aal
Salz · Pfeffer
1 Bund frischer Lorbeer
½ unbehandelte Zitrone

1 Den Backofen auf 170 °C (Umluft 150 °C) vorheizen. Den Aal in etwa 5 cm lange Stücke schneiden und mit Salz und Pfeffer würzen. Die Lorbeerblätter waschen und von den Stielen zupfen. Die Zitronenhälfte heiß waschen und in dünne Scheiben schneiden.
2 Eine feuerfeste Form mit den Lorbeerblättern auslegen. Die Aalstücke darauf setzen und mit den übrigen Lorbeerblättern belegen. Die Zitronenscheiben darauf verteilen und seitlich etwa 50 ml Wasser angießen.
3 Den Aal im Ofen (Mitte) etwa 1 Stunde garen, bis er schön weich ist.

BEILAGE: Polenta oder einfach nur Brot und ein Salat

Bisato ai ferri
Gegrillter Aal

FÜR 4 PORTIONEN
1 kg küchenfertiger Aal mit Haut
2 Zweige Rosmarin
1 Zweig Salbei
Saft von ½ Zitrone
2 EL Olivenöl
Salz · Pfeffer

1 Den Aal waschen und trockentupfen, mit der Haut in etwa 5 cm lange Stücke schneiden. Die Kräuter waschen und trockenschwenken, Nadeln und Blätter abzupfen und fein hacken. Die gehackten Kräuter mit Zitronensaft und Öl verrühren und alles mit Salz und Pfeffer würzen. Die Aalstücke unter die Marinade mischen und 1–2 Stunden darin ziehen lassen.
2 Den Backofen- oder den Holzkohlengrill anheizen. Die Aalstücke im Ofen oder auf dem Rost mit 15–20 cm Abstand von der Kohle oder den Grillschlangen etwa 20 Minuten grillen. Dabei häufig wenden, damit der Fisch gleichmäßig gart.

BEILAGE: Brot oder gebratene Polentaschnitten

Broeto
Fischtopf

Broeto *ist der venezianische Dialektausdruck für die Fischsuppe, die sonst* brodetto *genannt wird. Sie kann aus allem bestehen, was der Fischhändler gerade im Angebot hat, ganz egal, ob es sich um Fische, Krustentiere oder Muscheln handelt. Und so wird wohl auch keine venezianische Hausfrau mit genau festgelegten Vorstellungen auf den Fischmarkt bei der Rialtobrücke gehen – übrigens nach wie vor einer der schönsten Märkte Italiens –, sondern sich inspirieren lassen vom Angebot des Tages. Und wie man später damit umgeht, weiß sie aus langjähriger Erfahrung: Das, was eine längere Garzeit hat, kommt zuerst in den Topf, die zartesten Fische dagegen ganz zum Schluss.*

1 Die Tintenfische waschen und alle harten Teile (auch im Inneren) entfernen. Kleine Tintenfische ganz lassen, große in Ringe oder Streifen schneiden. Die Fische waschen und jeweils in Portionsstücke schneiden, mit dem Zitronensaft mischen. Die Muscheln waschen, geöffnete Exemplare wegwerfen.

2 Den Wein in einem Topf mit ¼ l Wasser erhitzen. Die Muscheln einlegen und zugedeckt bei starker Hitze etwa 5 Minuten garen, bis sie sich geöffnet haben, dabei immer wieder am Topf rütteln. Die Muscheln abgießen, noch geschlossene Muscheln aussortieren und wegwerfen. Den Sud durch eine Kaffeefiltertüte gießen.

3 Knoblauch schälen und fein hacken. Petersilie waschen und trockenschwenken, die Blättchen fein hacken. Einen Teil davon zum Bestreuen zugedeckt beiseite legen. Die Tomaten mit kochendem Wasser überbrühen, häuten und würfeln.

4 In einem weiten Topf das Öl erhitzen, Knoblauch und Petersilie darin andünsten. Tomaten dazugeben und andünsten. Muschelsud und Fischfond angießen, mit Salz und Pfeffer abschmecken. Zuerst die Tintenfische in den Topf geben und zugedeckt bei schwacher Hitze etwa 40 Minuten garen, bis sie weich sind.

5 Dann die Fischstücke in den Sud legen und bei schwacher Hitze etwa 10 Minuten darin gar ziehen lassen. Zuletzt die Muscheln untermischen und nochmals erhitzen. Den Fischtopf mit der übrigen Petersilie bestreut servieren. Eventuell Zitronenschnitze dazu reichen.

BEILAGE: Weißbrot oder Polentaschnitten

Variante: Eine Variante des Fischtopfs geht so: Fische filetieren, die Köpfe aufheben. Aus den Köpfen, gewürfeltem Sellerie und gewürfelter Möhre mit Wasser und Wein bei schwacher Hitze in 30 Minuten einen Sud kochen und diesen anschließend durch ein Sieb in einen anderen Topf gießen. Die Fischfilets einlegen und gar ziehen lassen, dann herausheben und im Mörser fein zerstoßen. Nur ein paar Stücke ganz lassen. Den Sud erneut passieren und abschmecken. Das Fischpüree einrühren, abschmecken und die Fischstücke einlegen. Brotscheiben rösten, mit gehacktem Knoblauch und Petersilie bestreuen und in vorgewärmte Teller legen. Die Fischsuppe darauf schöpfen und servieren.

FÜR 4 **P**ORTIONEN
200 g Tintenfische (ohne Tinte)
800 g gemischte Mittelmeerfische
(z. B. Rotbarben, Wolfsbarsch,
Seeteufel und kleine Brassen)
2 EL Zitronensaft
800 g Venusmuscheln
⅛ l trockener Weißwein
2 Knoblauchzehen
1 Bund Petersilie
500 g Tomaten
2 EL Olivenöl
½ l Fischfond
Salz · Pfeffer

Nach Belieben:
Zitronenachtel

Vongole al vino bianco
Venusmuscheln im Weinsud

In der Lagune gibt es zahlreiche Muschelarten, sogar unterschiedliche Venusmuscheln leben hier. In Venedig selbst liebt man caparossoli, *etwas kleinere Muscheln. Jeder Venezianer kommt unweigerlich ins Schwärmen, wenn er von den Muscheln aus der Lagune spricht und vor allem von den Gerichten, die man daraus macht. Dazu ein Gläschen trockener Weißwein aus dem Veneto oder dem Friaul. Was will man mehr, um glücklich zu sein?*

Die vongolare, *Muschelfänger, der Lagune finden eigentlich optimale Bedingungen auf den sandigen Gründen, aus denen die Lagune immerhin zu 90 % besteht. Allerdings ist auch hier die Welt nur noch teilweise in Ordnung. Die Konkurrenz ist groß, nicht mehr überall dürfen Muscheln gesammelt werden und da es immer wieder schwarze Schafe gibt, die sich nicht an die Vorschriften halten, wird da und dort auch einmal überfischt und der Erhalt der einzelnen Muschelarten ist nicht mehr garantiert.* Abusivi *nennt man die illegalen Fischer und die scheuen manchmal auch nicht davor zurück, direkt beim Industriehafen Maghera zu fischen, was natürlich strengstens verboten ist. Was sich bei den* vongolare *so alles zutragen kann, lässt sich in Commissario Brunettis zehntem Fall, den Donna Leon unter dem Namen „Das Gesetz der Lagune" herausgebracht hat, nachlesen (Diogenes Verlag).*

Übrigens werden Muscheln in der Lagune auch an Pfählen gezüchtet. Das einfachste Gericht der Muschelfänger heißt casso e pipa, *dem Dialektausdruck für Pfanne und Deckel. In der Pfanne werden Zwiebeln in Olivenöl angedünstet. Dahinein kommen die Muscheln ohne Flüssigkeit und werden zugedeckt bei starker Hitze gegart. Mit Weißbrot zum Tunken des würzigen Suds ein echter Genuss!*

FÜR 4 PORTIONEN
2 kg Venusmuscheln
1 Zwiebel
2 Knoblauchzehen
1 Bund Petersilie
2 EL Olivenöl
$\frac{3}{8}$ l Tocai (aromatischer Weißwein, ersatzweise Grave del Friuli)
2 Lorbeerblätter
Salz · Pfeffer

1 Die Muscheln waschen, geöffnete Exemplare aussortieren und wegwerfen. Zwiebel und Knoblauch schälen und fein hacken. Petersilie waschen und trockenschütteln, die Blättchen abzupfen und beiseite legen, die Stiele grob schneiden.

2 Das Olivenöl in einem weiten Topf erhitzen, Zwiebel und Knoblauch mit den Petersilienstielen darin andünsten. Den Wein angießen, die Lorbeerblätter einlegen und alles mit Salz und Pfeffer abschmecken.

3 Die Muscheln in den Sud geben und zugedeckt bei starker Hitze etwa 8 Minuten garen. Dabei ab und zu am Topf rütteln, damit die Muscheln gleichmäßig garen und sich öffnen. Nach dem Garen noch geschlossene Muscheln aussortieren und wegwerfen. Die Vongole mit dem Sud servieren.

BEILAGE: Weißbrot

Tipp: Statt Venusmuscheln können Sie auch einmal *datteri di mare* (Meeresdatteln), *cannolicchi* oder *cappalunghe* (Messerscheiden) auf diese Art zubereiten. Auch *cannocchie* (Heuschreckenkrebse) schmecken gut in diesem Sud gekocht. Wenn Sie bei Ihrem Fischhändler *telline* (Dreiecksmuscheln) entdecken, greifen Sie ruhig zu: Das sind kleine und besonders aromatische Muscheln, die es in der französischen Camargue, aber auch in Italien gibt.

Seppie al nero
Schwarze Tintenfische

Für dieses Gericht brauchen Sie Tintenfische mit Tintenbeutel. Bei uns müssen Sie diese in jedem Fall vorbestellen. Eine Alternative ist extra gekaufte Tintenfischtinte, die es in vielen Fischgeschäften in kleinen Beuteln zu kaufen gibt.

Die schwarze Tinte, die die zehnarmigen Kopffüßler in einem Beutel haben, setzen sie immer dann ein, wenn sie in Gefahr sind: Im dunkel gefärbten Meerwasser sind sie dann zumindest für einige Zeit nicht mehr zu erkennen. Goethe berichtet in den Aufzeichnungen während seiner italienischen Reise davon, wie er bei Ebbe an einer Sandbank der Lagune Tinte, die sich im Sand zu Klumpen geformt hatte, mit leeren Muschelschalen aufsammelte, um sie zu trocknen.

Und Tiziano Scarpa warnt seine Leser davor, nachts in weißen Hosen auf den Zattere (im Sestiere Dorsoduro) spazieren zu gehen. Denn dort sitzen immer mal wieder ein paar Venezianer, die die Tintenfische mit Lampen anlocken. Einmal im Eimer gefangen, verspritzen sie ihre Tinte auch aus diesem heraus und können bleibendeSpuren auf den hellen Beinkleidern hinterlassen (Venedig ist ein Fisch, Wagenbach Verlag).

FÜR 4 PORTIONEN
1 kg mittelgroße Tintenfische mit Tintenbeutel (ersatzweise 1–2 Beutel Tintenfischtinte)
2 Knoblauchzehen
4 EL Olivenöl
$\frac{1}{8}$ l trockener Weißwein
Salz · Pfeffer
1 Bund Petersilie
Saft von $\frac{1}{2}$ Zitrone

1 Die Tintenbeutel vorsichtig aus den Tintenfischen entfernen. Tintenfische waschen und innen abtasten. Alle harten Teile herauslösen, die Köpfe abschneiden. Tintenfische in Ringe schneiden. Knoblauch schälen und fein hacken.

2 Das Öl in einem Topf erhitzen, Tintenfische darin leicht braun werden lassen. Knoblauch zugeben und kurz mitbraten. Den Wein angießen, die Tintenfische salzen, pfeffern und bei schwacher Hitze zugedeckt etwa 30 Minuten schmoren.

3 Inzwischen 3–4 Tintenbeutel aus den Tintenfischen öffnen und die Tinte in einer Tasse mit wenig lauwarmem Wasser verrühren. Die Mischung zu den Tintenfischen geben und alles weitere 30 Minuten schmoren, bis die Tintenfische schön weich sind.

4 Die Petersilie waschen, trockenschütteln und die Blättchen sehr fein hacken. Petersilie und Zitronensaft unter die Tintenfische mischen, alles mit Salz und Pfeffer abschmecken und warm servieren.

BEILAGE: Polenta

Calamaretti fritti
Frittierte Tintenfischchen

1 Die Tintenfischchen waschen. In einem Topf reichlich Wasser zum Kochen bringen und salzen. Die Tintenfischchen darin etwa 1 Minute blanchieren, in ein Sieb schütten, kalt abschrecken und abtropfen lassen.
2 Die Tintenfischchen mit dem Zitronensaft mischen. Das Mehl auf einen Teller geben und pfeffern.
3 Das Olivenöl zum Frittieren erhitzen. Die Tintenfischchen in Mehl wenden. Portionsweise im heißen Öl 3–4 Minuten frittieren, bis sie schön goldgelb sind. Mit einem Schaumlöffel herausheben und die Tintenfischchen auf Küchenpapier abtropfen lassen. Heiß mit Zitronenschnitzen servieren.

BEILAGE: Blattsalat

FÜR 4 PORTIONEN
600 g küchenfertige kleine Tintenfische (calamaretti oder seppioline)
Salz
1 EL Zitronensaft
Mehl zum Wenden
Pfeffer
Olivenöl zum Frittieren

Zum Garnieren:
Zitronenschnitze

Sarde impanate
Panierte Sardinen

1 Die Köpfe der Sardinen abschneiden. Sardinen am Bauch aufschneiden, die Mittelgräte mit einem Löffelstiel anheben und abziehen. Die Sardinen waschen und trockentupfen, mit Salz und Pfeffer würzen.
2 Die Eier in einem Teller leicht verquirlen. Die Semmelbrösel auf einen zweiten Teller geben. Die Sardinen aufklappen und erst durch das Ei ziehen, dann in den Bröseln wenden.
3 In einer Pfanne das Olivenöl erhitzen. Die Sardinen darin pro Seite etwa 2 Minuten braten. Heiß mit Zitronenschnitzen servieren.

BEILAGE: Gemischter Salat

FÜR 4 PORTIONEN
600 g mittelgroße Sardinen
Salz · Pfeffer
2 Eier
100 g Semmelbrösel
4 EL Olivenöl

Zum Garnieren:
Zitronenschnitze

Pesce / Hauptgerichte mit Fisch

79

Capesante al forno
Jakobsmuscheln aus dem Ofen

Die Jakobsmuschel zählt zu den Kammmuscheln und lebt im Mittelmeer und im Atlantik. Früher kam sie hauptsächlich an den Küsten Galiziens in Nordspanien vor. Sie ist das Zeichen der Pilger, die nach Santiago de Compostela wandern; den ganzen Pilgerweg entlang sieht man immer wieder die hübschen Muschelschalen abgebildet und auch viele Kirchen – nicht nur in Spanien – ziert die Schale. Jakobsmuscheln sind bei Feinschmeckern sehr beliebt – weil sie groß sind, ein schmackhaftes festes Fleisch haben und weil sie nicht gezüchtet, sondern immer „wild" gefangen werden. Hauptsaison ist von November bis März, die übrige Zeit des Jahres sind sie meist tiefgefroren im Handel. Man kann sie frisch mit Schale oder ohne Schale und tiefgekühlt – dann immer ohne Schale – kaufen.

Für 4 Portionen
8–12 Jakobsmuscheln
mit Schalen
1 Bund Petersilie
2 Knoblauchzehen
20 g Butter
3 EL Olivenöl
Salz · Pfeffer

1 Die Jakobsmuscheln aus den Schalen lösen (siehe Seite 46), den grauen Mantelrand entfernen, den orangefarbenen Corail ebenfalls entfernen, aber aufbewahren. Die tiefen Schalenhälften der Jakobsmuscheln mit der Wölbung nach unten nebeneinander auf ein Backblech setzen und die Muscheln mit dem Corail wieder hineinlegen.

2 Den Backofen auf 200 °C (Umluft 160 °C) vorheizen. Die Petersilie waschen und trockenschütteln, die Blättchen sehr fein hacken. Den Knoblauch schälen und sehr fein schneiden. Die Butter in einem Pfännchen zerlassen, aber nicht bräunen. Petersilie, Knoblauch und Olivenöl untermischen und alles mit Salz und Pfeffer würzen. Gleichmäßig über den Jakobsmuscheln verteilen.

3 Die Muscheln im heißen Ofen (Mitte) je nach Dicke 12–15 Minuten garen. Herausnehmen und die Jakobsmuscheln in der Schale servieren.

Beilage: Weißbrot und ein gemischter Salat

Capesante ai pomodori
Jakobsmuscheln in Tomatensauce

Für 4 Portionen
8–12 Jakobsmuscheln
(je nach Größe)
1 EL Zitronensaft
400 g Tomaten
1 milde weiße Zwiebel
½ Bund Basilikum
20 g Butter
1 EL Olivenöl
100 ml trockener Weißwein
oder Prosecco
Salz · Pfeffer

1 Die Jakobsmuscheln aus den Schalen lösen (siehe Seite 46), den grauen Mantelrand entfernen, den orangefarbenen Corail ebenfalls entfernen, aber aufbewahren. Die Jakobsmuscheln mit dem Zitronensaft beträufeln.

2 Die Tomaten mit kochendem Wasser überbrühen, kurz ziehen lassen, kalt abschrecken und häuten. Die Tomaten halbieren, entkernen und in kleine Würfel schneiden. Die Zwiebel schälen und fein hacken. Die Basilikumblättchen abzupfen und in feine Streifen schneiden. Einen Teil davon beiseite legen.

3 Die Butter mit dem Öl in einer Pfanne erhitzen. Die Jakobsmuscheln mit dem Corail darin von jeder Seite 1 Minute braten, dann herausnehmen und warm halten.

4 Zwiebel und Basilikum im verbliebenen Öl andünsten, die Tomaten dazugeben und kurz dünsten. Mit dem Wein ablöschen und alles offen etwa 5 Minuten köcheln lassen. Mit Salz und Pfeffer abschmecken. Die Jakobsmuscheln in die Sauce einlegen und zugedeckt bei schwacher Hitze darin 2–3 Minuten ziehen und noch einmal richtig heiß werden lassen. Mit dem restlichen Basilikum bestreut servieren.

Beilage: Weißbrot oder Risotto ohne Käse

Sogliola al prosecco
Seezungenfilets in Proseccosauce

Im Originalrezept werden die zarten Filets in einer Weißweinsauce serviert, mit Prosecco wird sie allerdings noch etwas fruchtiger und spritziger.

Die Seezunge ist der edelste unter den Plattfischen und kommt in kühleren Gewässern ebenso vor wie im Mittelmeer. Die Seezunge hat ein feines, schön weißes und sehr wohlschmeckendes Fleisch. Plattfische sind nicht ganz so einfach zu filetieren, lassen Sie diese Arbeit deshalb am besten den Fischhändler übernehmen.

FÜR 4 PORTIONEN
600 g Seezungenfilets
Salz · Pfeffer
1 EL Zitronensaft
1 EL Mehl
20 g Butter
150 ml Prosecco
50 ml Fischfond
30 g kalte Butter

1 Die Seezungenfilets kalt abspülen, trockentupfen und mit dem Zitronensaft beträufeln. Die Filets mit Salz und Pfeffer würzen.

2 Das Mehl mit der Butter verkneten. Den Prosecco mit dem Fischfond in einer weiten Pfanne erhitzen. Die Mehlbutter in Stücke schneiden und mit dem Schneebesen unterschlagen. Die Sauce einmal aufkochen lassen.

3 Die Seezungenfilets möglichst nebeneinander in die Sauce legen und bei schwacher Hitze zugedeckt 2 Minuten darin ziehen lassen. Vorsichtig wenden und noch einmal so lange garen. Die Seezungenfilets aus der Pfanne nehmen und auf vorgewärmte Teller verteilen.

4 Die kalte Butter in Stücke schneiden und unter die Sauce schlagen. Mit Salz und Pfeffer abschmecken,die Sauce über die Fischfilets verteilen und rasch servieren.

BEILAGE: Kartoffeln oder Brot

Variante: Statt Seezunge können Sie auch Steinbuttfilet für dieses Gericht verwenden.

Tipp: Wenn Sie oft Fisch zubereiten und auch gerne Saucen dazu machen, sollten Sie die Reste der Seezunge unbedingt mitnehmen und einen Fond daraus kochen. Aus dem edlen Fisch wird auch der Fond besonders fein. Bitten Sie den Fischhändler darum, die Kiemen der Seezunge zu entfernen und nehmen Sie eventuell noch mehr Fischabschnitte (nur von Edelfischen) mit. 2 Möhren und 1 Zwiebel schälen, 2 Stangen Sellerie waschen, putzen und alles in grobe Stücke schneiden. Mit den Fischabschnitten, $\frac{1}{2}$ l trockenem Weißwein und 1 $\frac{1}{2}$ l Wasser in einen Topf geben. 2 Lorbeerblätter, ein paar Petersilienstängel und 1 TL Pfefferkörner dazugeben und die Flüssigkeit erhitzen. Den Fond bei mittlerer Hitze offen etwa 30 Minuten leise kochen lassen, dabei den Schaum immer wieder abschöpfen. Den Fond passieren und etwas einkochen lassen, dann erst salzen. Was man nicht gleich verwendet, kann man in kleinen Portionen einfrieren und jederzeit für Saucen verwenden.

Coda di rospo con i piselli
Seeteufel mit Erbsen

Der Seeteufel hat nur eine dicke Gräte (das Rückgrat) und ein weißes angenehm festes Fleisch, das beim Garen nicht zerfällt. Er lässt sich deshalb sehr gut braten. Am besten nehmen Sie Medaillons aus dem Schwanzstück.

1 Den Knoblauch und die Zwiebel schälen und fein hacken. Die Tomaten mit kochendem Wasser überbrühen, häuten, entkernen und sehr fein würfeln.
2 Die Seeteufelscheiben kalt waschen und trockentupfen, mit Zitronensaft beträufeln und mit Salz und Pfeffer würzen. Das Öl in einer Pfanne erhitzen, die Seeteufelscheiben darin pro Seite 1 Minute braten und wieder herausnehmen.
3 Zwiebel und Knoblauch im verbliebenen Öl andünsten. Die Erbsen und Tomaten untermischen und erhitzen. Alles mit Salz und Pfeffer würzen und zugedeckt bei schwacher Hitze etwa 8 Minuten schmoren, bis die Erbsen bissfest, aber noch nicht zu weich sind. Seeteufelscheiben darauf legen und alles zugedeckt weitere 5 Minuten garen.
4 Inzwischen die Petersilie waschen, trockenschütteln und die Blättchen fein hacken. Den Fisch und die Erbsen mit der Petersilie bestreut servieren.

BEILAGE: Polenta oder Kartoffeln

FÜR 4 PORTIONEN
1 Knoblauchzehe
1 kleine Zwiebel
300 g Tomaten
4 Scheiben Seeteufel
(je etwa 180 g)
Salz · Pfeffer
1 EL Zitronensaft
2 EL Olivenöl
200 g frisch gepalte zarte Erbsen
½ Bund Petersilie

Coda di rospo al vino rosso
Seeteufel in Rotwein

1 Den Radicchio von den äußeren welken Blättern befreien, waschen und vierteln. Die Blätter auseinander lösen. Die Zwiebel schälen und sehr fein hacken. Seeteufelscheiben kalt abspülen und trockentupfen. Mit Zitronensaft beträufeln und mit Salz und Pfeffer würzen.
2 In einem Topf Salzwasser erhitzen, die Radicchioblätter darin 2 Minute blanchieren, in einem Sieb kalt abschrecken und abtropfen lassen. Die Hälfte des Öls erhitzen. Die Zwiebelwürfel darin andünsten. Den Wein angießen und kräftig aufkochen lassen. Den Radicchio untermischen, mit Salz und Pfeffer würzen und alles offen bei mittlerer Hitze ein paar Minuten köcheln lassen.
3 Inzwischen das restliche Öl erhitzen, die Seeteufelscheiben darin bei mittlerer Hitze auf jeder Seite 2–3 Minuten braten. Den Radicchio auf vorgewärmte Teller verteilen. Jeweils eine Scheibe Seeteufel darauf legen und sofort servieren.

BEILAGE: Gebratene Polentascheiben

FÜR 4 PORTIONEN
400 g Radicchio (der Runde)
1 Zwiebel
4 Scheiben Seeteufel
Salz · Pfeffer
1 EL Zitronensaft
4 EL Olivenöl
⅛ l trockener Rotwein

Rombo al forno
Steinbutt aus dem Ofen

*Für diese Art der Zubereitung, die man in Venedig wie auch in anderen Regionen Italiens beson-
ders schätzt, können Sie fast alle Mittelmeerfische nehmen, am besten sind aber etwas größere
Exemplare, die schön saftig bleiben. Wenn Sie andere Fische verwenden, fragen Sie Ihren Fischhändler beim Kauf nach der Garzeit. Je nach dieser Auskunft müssen Sie die Zeit für das Vorgaren der Kartoffeln eventuell etwas verlängern.*

FÜR 4 PORTIONEN
700 g fest kochende Kartoffeln
1 Zwiebel
2 Knoblauchzehen
2 Möhren
2 Stangen Staudensellerie
1 Bund Basilikum
50 g schwarze Oliven
Salz · Pfeffer
6 EL Olivenöl
1 Steinbutt (etwa 1,4 kg)
1/8 l trockener Weißwein

1 Den Backofen auf 200 °C (Umluft 180 °C) vorheizen. Die Kartoffeln schälen und in dünne Scheiben schneiden. Die Zwiebel schälen und in Ringe schneiden. Den Knoblauch schälen und fein hacken. Die Möhren und den Sellerie schälen oder waschen, putzen und würfeln. Basilikumblättchen abzupfen und beiseite legen.

2 Die Kartoffeln mit der Zwiebel, dem Knoblauch, den Möhren, dem Sellerie, den Oliven und den Basilikumstängeln in der Fettpfanne des Backofens mischen, alles mit Salz und Pfeffer würzen und mit der Hälfte des Öls beträufeln. Die Mischung im Ofen (Mitte) etwa 15 Minuten vorgaren.

3 Inzwischen den Fisch waschen und trockentupfen, die Haut fein einschneiden. Den Steinbutt mit Salz und Pfeffer würzen.

4 Kartoffel-Gemüse-Mischung mit dem Wein aufgießen, den Fisch darauf legen und mit dem übrigen Öl beträufeln. Noch etwa 25 Minuten im Ofen garen, bis der Fisch saftig und gar ist.

5 Die Basilikumblättchen in Streifen schneiden, den Fisch damit bestreuen und servieren.

BEILAGE: Weißbrot und Salat

Orata al sale aromatico
Brassen in aromatischer Salzkruste

FÜR 4 PORTIONEN
1 unbehandelte Orange
1 unbehandelte Zitrone
je 2 Zweige Rosmarin, Oregano
und Thymian
das Grün von 1 Fenchelknolle
2,5 kg Meersalz
frisch geriebener Pfeffer
2 Eiweiße
2 Goldbrassen (je etwa 500 g)

Außerdem:
Olivenöl zum Beträufeln

1 Den Backofen auf 250 °C (Umluft 220 °C) vorheizen. Die Orange und die Zitrone heiß abwaschen und abtrocknen, die Schale jeweils dünn abreiben. Die Zitrone in dünne Scheiben schneiden. Die Kräuter waschen und trockenschütteln, die Nadeln und Blättchen mit dem Fenchelgrün fein hacken.

2 Das Meersalz mit Zitrusschale, Kräutern, reichlich Pfeffer und dem Eiweiß verkneten. Die Goldbrassen waschen und trockentupfen, die Zitronenscheiben in den Bauchhöhlen der Fische verteilen.

3 Ein Backblech mit Backpapier auslegen. Die Hälfte der Salzmasse in zwei Häufchen auf das Blech geben und so verteilen, das die Salzflächen jeweils etwas größer als die Fische sind. Die Fische darauf legen und mit der übrigen Salzmasse bedecken. Das Salz soll die Fische gut umschließen. Die Goldbrassen im Ofen (Mitte) etwa 30 Minuten backen. Herausnehmen, kurz ruhen lassen, dann die Salzkruste mit einem Hammer aufschlagen und die Fische servieren. Möglichst pur, nur mit Olivenöl beträufelt, genießen.

BEILAGE: Bratkartoffeln und gemischter Salat

Sgombri al forno
Makrelen aus dem Ofen

Makrelen zählen wie die Sardinen und auch die Heringe zu den Fettfischen, haben also ein fetteres Fleisch als viele andere Fische des Mittelmeeres. Das trägt aber auch dazu bei, dass sie ein sehr schmackhaftes Fleisch haben, das auch nicht trocken wird, wenn man den Fisch mal versehentlich etwas länger bäckt, brät oder grillt. Übrigens haben Makrelen ein sehr gesundes Fett, sie enthalten reichlich Omega-3-Fettsäuren, die gut fürs Herz sind.

Gut also, dass man Makrelen auch bei uns immer häufiger frisch in den Fischgeschäften kaufen kann. Sie schmecken auch gegrillt (mit Kräutern füllen) oder im Ofen ohne Flüssigkeit auf einem Bett aus Lorbeer gebraten. Dazu die Fische dann nur mit etwas Olivenöl beträufeln.

FÜR 4 PORTIONEN
4 kleinere Makrelen
(je etwa 330 g)
1 unbehandelte Zitrone
2 Zweige Salbei
½ l trockener Weißwein oder
Prosecco
Salz · Pfeffer
20 g Butter
2 TL Mehl

Außerdem:
1 EL Öl für das Blech

1 Die Makrelen innen und außen waschen und nebeneinander in eine Form legen. Die Zitrone heiß waschen und die Schale dünn abschneiden. 1 Zweig Salbei waschen und trockenschwenken, die Blättchen abzupfen. Die Salbeiblättchen und Zitronenschale mit dem Wein mischen und über die Makrelen gießen. Die Fische etwa 4 Stunden darin ziehen lassen.

2 Den Backofen auf 200 °C (Umluft 180 °C) vorheizen. Die Makrelen aus der Marinade heben und abtropfen lassen. Den übrigen Salbeizweig waschen und trockenschütteln, die Blättchen abzupfen. Die Makrelen innen und außen mit Salz und Pfeffer würzen. Die Butter in kleine Stücke schneiden und mit dem Salbei in den Bauchhöhlen der Fische verteilen.

3 Die Fettpfanne des Backofens mit Öl ausstreichen, die Makrelen nebeneinander hineinlegen. Die Zitrone auspressen, den Saft mit dem Wein der Marinade mischen und in die Fettpfanne gießen. Die Makrelen in den Ofen (Mitte) schieben und etwa 15 Minuten garen. Dann vorsichtig wenden und weitere 10 Minuten braten.

4 Die Fische aus der Fettpfanne heben und auf eine Platte legen. Im abgeschalteten Ofen warm halten. Den Bratfond durch ein Sieb in einen Topf passieren, zum Kochen bringen, das Mehl mit einem Schneebesen einrühren und die Sauce bei mittlerer Hitze offen etwa 5 Minuten köcheln lassen, bis sie cremig wird. Die Sauce mit Salz und Pfeffer abschmecken und über die Fische gießen. Rasch servieren.

BEILAGE: Gebratene Kartoffeln oder Brot

Tipp: Wenn Makrelenfleisch übrig bleibt, können Sie es mit etwas Ricotta pürieren, mit Zitronensaft und gehackten Kräutern oder Kapern vermischen und mit Salz und Pfeffer abschmecken. Die Creme dick auf Brotscheiben streichen und mit Kapern oder halbierten Cocktailtomaten garniert servieren.

Baccalà in umido
Geschmorter Stockfisch

Überall in Italien meint baccalà *den durch Einsalzen konservierten Kabeljau, der bei uns Klippfisch heißt. Nur in Venedig und Umgebung wird Stockfisch – also der ohne Salz, nur durch Trocknen konservierte Kabeljau – so genannt. Allerdings kann man genauso gut den echten* baccalà *nehmen, was man in der Lagunenstadt wie auch im Hinterland inzwischen häufig macht. Bei uns ist der eingesalzene und getrocknete Fisch zudem leichter zu bekommen und er macht weniger Arbeit: Klippfisch wird vor dem Einsalzen ausgenommen, Stockfisch hingegen mit allen Innereien getrocknet. Man muss ihn ebenso lange einweichen, danach jedoch erst noch putzen und anschließend viel länger garen. Versuchen Sie es also mit Klippfisch, den Sie in guten Fischgeschäften bekommen oder zumindest bestellen können. Außerdem haben ihn einige spanische und italienische Feinkostläden im Angebot.*

Übrigens serviert man in vielen Weingebieten des Veneto den baccalà *traditionell nach der Weinlese. Dazu gibt es weiße Polenta, in Scheiben geschnitten und gebraten.*

1 Den Fisch in einer großen Schüssel mit kaltem Wasser bedecken und 24 Stunden einweichen, dabei das Wasser mehrmals wechseln.

2 Nach der Quellzeit den Fisch abtropfen lassen, in einen Topf legen und mit frischem Wasser bedecken. Das Wasser zum Kochen bringen. Sobald es kocht, den Fisch abgießen und kalt abschrecken. Anschließend von der Haut und den Gräten befreien und in etwa 4 cm große Stücke schneiden.

3 Die Zwiebel schälen und fein hacken. Die Petersilie waschen, trockenschwenken und die Blättchen ebenfalls fein zerkleinern. Sardellenfilets abtropfen lassen und klein schneiden.

4 Das Mehl mit Pfeffer mischen und die Fischstücke darin wenden, überschüssiges Mehl abklopfen. Das Öl in einem weiten Topf erhitzen und die Fischstücke darin von allen Seiten schön anbraten. Zwiebel, Petersilie und Sardellen dazugeben und andünsten.

5 Alles mit der Milch aufgießen. Kapern abtropfen lassen und untermischen. Den Baccalà zugedeckt bei schwacher Hitze etwa 30 Minuten schmoren. Mit Pfeffer und eventuell etwas Salz abschmecken und heiß servieren.

BEILAGE: Gebratene Polentaschnitten

FÜR 4 PORTIONEN
- 800 g Baccalà
- 1 Zwiebel
- 1 Bund Petersilie
- 2 Sardellenfilets in Öl
- 2 EL Mehl
- Pfeffer
- 4 EL Olivenöl
- 300 ml Milch
- 1 EL Kapern

Carne, pollame e cacciagione

Hauptgerichte mit Fleisch, Geflügel und Wild

Fleisch in einer Lagunenstadt? Das eine schließt das andere keinesfalls aus. Vor allem Hühner, Truthähne und Kaninchen konnte man für den familiären Bedarf auch auf engerem Raum halten, auf den Inseln ist ohnehin mehr Platz und auch Wild(-geflügel) wird in der Lagune im Herbst geschossen und mit Genuss verspeist. In Venedig selbst werden inzwischen allerdings kaum noch Schlachttiere und vor allem keine großen gehalten. Der Schlachthof, den es einst in Cannaregio gab, ist seit Jahrzehnten geschlossen. In der Terraferma kommen neben Huhn und Kaninchen vor allem auch Geflügel wie Enten, Gänse und Puten auf den Tisch.

Agnello al modo della castradina
Gekochtes Lamm
nach Art der Castradina

Die castradina ist eine typische Spezialität Venedigs, die es traditionell am 21. November, dem Festtag der Maria della Salute, gab. Das so genannte Redentorefest findet noch heute statt, über den Canal Grande wird eine Holzbrücke errichtet und rund um die Kirche Santa Maria della Salute findet ein kleiner Markt statt. Um diesen Festtag winterlich zu begehen, wurde geräucherte und gesalzene Hammelkeule gekocht und mit geschmortem Wirsing serviert. Erinnern sollte das Gericht an das Ende einer Pestepidemie im Jahr 1630. Um ganz sicher zu gehen, dass das Fleisch keinen Erreger mehr in sich trug, wurde es besonders lange geräuchert und stark gesalzen. Noch bis vor wenigen Jahren gab es das Gericht rund um den 21. November in vielen traditionellen Osterien der Stadt, heute wird es nur noch selten angeboten, denn seine Zubereitung erfordert ziemlich viel Zeit. Das Fleisch muss lange gekocht werden, um Fett und Salz zu verlieren.

Bei uns sind weder gepökelte Hammel- noch Lammkeulen im Angebot, man kann seinen Metzger aber bitten, eine Keule zu pökeln. Das macht ihm sicher kaum Mühe und dauert nur einen Tag. Fragen Sie ihn danach! Entscheiden Sie sich aber in jedem Fall für eine Lammkeule, denn Hammel ist wesentlicher fetter und hat außerdem ein für unseren heutigen Geschmack doch eher strenges Aroma.

Übrigens gibt es noch ein zweites Redentorefest am dritten Wochenende im Juli. Auch dieses hat mit der Pest zu tun, wird im Andenken an das Ende einer Pestepidemie im Jahre 1576 veranstaltet. Der Gottesdienst findet auf der Insel Giudecca statt, die zu diesem Anlass über eine Pontonbrücke mit der Lagunenstadt verbunden wird. Die Wallfahrt zur Kirche wird überall in der Stadt gefeiert, besonders gerne auf hübsch geschmückten Booten.

FÜR 6–8 PORTIONEN
1 gepökelte Lammkeule mit Knochen (etwa 1,5 kg)
2 Zwiebeln
4 Stangen Staudensellerie
4 Möhren
4 Lorbeerblätter
1 TL Wacholderbeeren
Salz
1 Wirsing
2 Sardellenfilets in Öl
1 Knoblauchzehe
1 Zweig Rosmarin
4 EL Olivenöl
1 EL Kapern
1 Prise getrockneter Peperoncino

1 Die Lammkeule waschen und abtrocknen. Die Zwiebeln schälen und vierteln, den Sellerie putzen und waschen, die Möhren schälen. Sellerie und Möhren jeweils in etwa 4 cm lange Stücke schneiden.

2 In einem Topf etwa 2 l Wasser mit dem Gemüse, den Lorbeerblättern und Wacholderbeeren zum Kochen bringen. Die Flüssigkeit salzen und die Lammkeule einlegen. Das Fleisch bei schwacher bis mittlerer Hitze etwa 2 ½ Stunden leise köcheln lassen, bis es weich ist.

3 Nach etwa der Hälfte der Zeit den Wirsing von allen welken Blättern befreien, waschen, vierteln und den Strunk in der Mitte herausschneiden. Die Wirsingblätter in Streifen schneiden. Sardellenfilets abtropfen lassen und zerdrücken. Knoblauch schälen und fein hacken. Rosmarin waschen und trockenschwenken, Nadeln abzupfen und grob zerkleinern.

4 Das Öl in einem Topf erhitzen, Rosmarin mit Knoblauch und Sardellen darin anbraten. Die Wirsingstreifen dazugeben und anschmoren. Die Kapern untermischen und etwa ⅛ l Wasser angießen. Den Wirsing mit Salz und Peperoncino abschmecken und alles zugedeckt bei schwacher Hitze etwa 30 Minuten schmoren. Dabei ab und zu umrühren, bei Bedarf noch etwas Wasser nachgießen.

5 Die Lammkeule aus der Brühe heben und in Stücken vom Knochen abschneiden. Mit dem Gemüse und etwas Brühe auf einer Platte anrichten und mit dem Wirsing servieren.

BEILAGE: Brot

Carne, pollame e cacciagione / Hauptgerichte mit Fleisch, Geflügel und Wild

Sopa coada
Tauben-Brot-Suppe

Dieses berühmte Gericht aus Treviso hat eine sehr lange Tradition. Die Zubereitung von Suppen, vor allem, wenn sie Brot enthalten, ist seit dem Mittelalter eine allseits bekannte und beliebte Art, Lebensmittel zu verarbeiten. Schon in einem der ersten italienischen Kochbücher, das 1553 erschien, wird von einer Suppe aus Brot, Käse und einer gehaltvollen Brühe berichtet. Wie es in der Küche der Reichen damals üblich war, wurde diese gehaltvolle zuppa *mit Zucker, Zimt, Pfeffer und anderen Gewürzen verfeinert. Das Rezept, das ein Koch aus Ferrara beschrieben hatte, kam wohl nach Venedig, weil die Lagunenstadt damals die Hauptstadt der Kochbuchliteratur war. Naheliegend, dass es auch an die Häuser der reichen Patrizier der Serenessima gelangte, die die Suppe schließlich in ihren Landhäusern im Hinterland der Lagunenstadt mit Fleisch anreicherten. Tauben waren sehr beliebt, vor allem auch in Treviso schätzte man das würzige Fleisch der kleinen Vögel ganz außerordentlich.*

Coada bedeutet im venezianischen Dialekt ausgebrütet – covata – und das bezieht sich wohl auf die lange Garzeit im Ofen, die in älteren Rezepten oft länger als 4 Stunden dauert. Die Tauben mit Brot sind so gehaltvoll, dass man das Gericht zwar auch mal als primo, *besser aber als* secondo *serviert.*

1 Die Zwiebeln waschen und mit der Schale vierteln. Die Möhren schälen, den Sellerie putzen und waschen, beides grob zerkleinern. Zwiebeln, Möhren und Sellerie mit den Lorbeerblättern, dem Rosmarin und dem Salbei mit 2 l Wasser in einem Topf zum Kochen bringen. Die Tauben und den Ochsenschwanz waschen und in die heiße Flüssigkeit geben. Alles offen bei mittlerer Hitze etwa 1 $\frac{1}{4}$ Stunde leise kochen lassen.

2 Die Tauben aus dem Topf heben und etwas abkühlen lassen, dann das Fleisch von den Knochen lösen und in kleine Stücke zerteilen. Den Ochsenschwanz für ein anderes Gericht verwenden. Die Brühe durch ein Sieb passieren und mit Salz und Pfeffer abschmecken.

3 Den Backofen auf 150 °C (Umluft 130 °C) vorheizen. Die Brotscheiben toasten. Eine feuerfeste Form mit Butter ausstreichen und mit Brotscheiben auslegen. Die Hälfte des Taubenfleisches darauf verteilen, mit 2 Schöpfern Brühe befeuchten, mit etwas Parmesan bestreuen und mit ein paar Butterflöckchen belegen. Wieder eine Lage Brot einschichten, mit Brühe befeuchten und mit dem restlichen Fleisch belegen. Mit Parmesan und Butter bestreuen und mit dem übrigen Brot abdecken. Mit 2 Schöpfern Brühe begießen, den restlichen Käse und die übrige Butter auf der obersten Schicht verteilen.

4 Die Form in den Ofen (Mitte) schieben und Brot und Tauben etwa 2 $\frac{1}{2}$ Stunden im Ofen garen. Dabei immer mal wieder etwas Brühe nachgießen. Das Gericht soll zum Schluss schön feucht, aber nicht flüssig sein.

FÜR **6–8** PORTIONEN
2 Zwiebeln
2 Möhren
2 Stangen Staudensellerie
4 Lorbeerblätter
2 Zweige Rosmarin
2 Zweige Salbei
3 küchenfertige Tauben
300 g Ochsenschwanz
Salz · Pfeffer
400 g altbackenes Weißbrot
150 g frisch geriebener Parmesan
60 g Butter

Außerdem:
Butter für die Form

Fegato alla veneziana

Kalbsleber mit Zwiebeln

Die Verbindung von Leber und Zwiebeln kommt ursprünglich aus der Küche der Römer und auch in Byzanz schätzte man diese Mischung sehr. In Venedig übernahm man das Gericht sehr gern und hat es seither zu einer eigenen Spezialität verfeinert und erhalten. Übrigens wurde es früher vor allem im Winter zubereitet, da Leber rasch verdirbt. Man servierte es besonders gern zum Ende des Karnevals.

Es gibt viele Möglichkeiten, Leber zuzubereiten. So wird manchmal Salbei statt Petersilie hinzugegeben, die Zwiebelmenge erhöht oder der Wein weggelassen. In jedem Fall ist es wichtig, dass die Leber ganz frisch ist.

In einem anderen Rezept werden die Leberstreifen ohne Zwiebeln in Butter gebraten und mit Zitronensaft und etwas Zucker abgeschmeckt. Manchmal kommt auch noch eine Mischung aus Ei und Semmelbrösel an diese Variante.

Im Gegensatz zu Kalbsleber wird Schweineleber fast immer mit Salbei zubereitet, da ihr kräftiger Geschmack das würzige Kraut gut vertragen kann.

FÜR 4 PORTIONEN
500 g weiße Zwiebeln
2 EL Butter
2 EL Olivenöl
700 g Kalbsleber
½ Bund Petersilie
1 Schuss Marsala oder trockener Weißwein
Salz · Pfeffer

1 Die Zwiebeln schälen und in feine Ringe schneiden. Die Butter mit dem Öl in einer Pfanne erhitzen. Die Zwiebelringe dazugeben und unter gelegentlichem Rühren bei schwacher Hitze etwa 20 Minuten garen, bis sie weich sind. Die Zwiebeln sollen dabei nicht braun werden.

2 Inzwischen die Leber waschen, trockentupfen und in dünne Scheiben schneiden. Die Petersilie waschen und trockenschütteln, die Blättchen abzupfen und fein hacken.

3 Die Temperatur auf hohe Stufe schalten. Die Zwiebeln mit dem Marsala ablöschen, die Leber mit der Petersilie untermischen und unter Rühren etwa 5 Minuten braten. Mit Salz und Pfeffer abschmecken und servieren.

BEILAGE: Gebratene Polentaschnitten oder Brot

Maiale al latte
Schweinebraten in Milch

Das Schwein hat es in Venedig vor allem durch eine Geschichte zu Berühmtheit gebracht: Der Schutz-patron der Stadt ist der Evangelist Markus, dessen Gebeine sich im muslimischen Alexandria befan-den. Zwei venezianische Kaufleute machten sich im Jahre 828 auf den Weg, um sie in ihre Heimat zu bringen. Auf legalem Weg war das allerdings nicht zu bewerkstelligen, so stahlen sie die Gebeine und versteckten sie unter einer Ladung Schweinefleisch. Sie konnten fast sicher sein, dass sich kein Mus-lim dazu bereit finden würde, dieses Fleisch anzufassen, um die Ladung zu kontrollieren. Und stimmt die Geschichte? „Se non è vero, e ben trovato" – wenn sie nicht stimmt, ist sie zumindest gut ausge-dacht. Doch zurück zu irdischen Freuden: In Milch gegart, wird Schweinefleisch ganz besonders zart und fein und nebenbei entsteht eine ausgezeichnete Sauce.

FÜR 4–6 PORTIONEN

900 g Schweinebraten ohne Schwarte (Schulter oder Oberschale)
gut ½ l trockener Weißwein
Salz · Pfeffer
je 2 Zweige Salbei und Rosmarin
3 EL Butter
¾ l Milch

1 Das Fleisch in eine hohe Form legen und mit dem Wein begießen. Den Braten etwa 2 Tage im Kühlschrank marinieren, dabei gelegentlich wenden.

2 Das Fleisch aus dem Wein heben und trockentupfen. Rundherum mit Salz und Pfeffer ein-reiben. Die Kräuter waschen und trockenschütteln. Mit den Stielen in Stücke schneiden.

3 Die Butter in einem Schmortopf erhitzen, den Braten darin rundherum kräftig anbraten. Die Kräuter mitbraten, dann alles mit der Milch aufgießen. Den Braten bei schwacher Hitze zugedeckt etwa 2 Stunden schmoren. Dabei immer mal wieder umrühren, damit die Milch nicht anbrennt und den Braten gelegentlich wenden.

4 Den Braten aus der Milch heben und in Alufolie einwickeln. Die Sauce durch ein feinma-schiges Sieb gießen und in einem Topf etwas einkochen lassen, mit Salz und Pfeffer ab-schmecken. Den Braten in Scheiben schneiden und mit der Sauce servieren.

BEILAGE: Kartoffeln oder Polenta

Involtini di vitello
Kalbfleischröllchen

FÜR 4 PORTIONEN

4 dünne große Kalbsschnitzel
8 dünne Scheiben Pancetta oder roh geräucherter Schinken
16 breite Rucolablätter
8 große eingelegte Artischocken-herzen (aus dem Glas oder vom italienischen Feinkosthändler)
½ Bund Petersilie
Salz · Pfeffer
1 EL Butter · 2 EL Olivenöl
150 ml trockener Weißwein oder Prosecco · 2 TL Zitronensaft

Schon wieder begegnet uns Commissario Brunetti. Dies ist eines seiner Lieblingsrezepte.

1 Die Kalbsschnitzel mit den Handballen etwas flacher drücken und jeweils halbieren. Jedes Fleischstück mit 1 Scheibe Pancetta belegen. Rucola waschen, trockentupfen und darauf verteilen. Artischockenherzen abtropfen lassen und in die Mitte der Schnitzel legen. Die Petersilie waschen, trockenschütteln und die Blättchen fein hacken. Etwas davon beiseite legen, den Rest auf die Artischocken streuen.

2 Kalbfleisch aufrollen, mit Zahnstochern feststecken und außen mit Salz und Pfeffer wür-zen. Butter und Öl in einem Schmortopf erhitzen. Röllchen darin rundherum anbraten. Den Wein angießen und die Röllchen zugedeckt bei schwacher Hitze etwa 15 Minuten schmoren.

3 Sauce mit dem Zitronensaft, Salz und Pfeffer abschmecken, die Röllchen mit der übrigen Petersilie bestreut servieren.

BEILAGE: Polenta oder ein einfacher Risotto

Pollo in tegame
Geschmortes Huhn

1 Die Poularde kalt abspülen und trockentupfen, in Portionsstücke teilen und mit Salz und Pfeffer würzen. Zwiebeln und Möhre schälen, Sellerie waschen, putzen und alles in kleine Würfel schneiden. Die Tomaten mit kochendem Wasser überbrühen, häuten, entkernen und klein schneiden.

2 In einem Schmortopf die Butter mit dem Öl erhitzen. Die Poulardenstücke darin rundherum gut anbraten, dann Zwiebeln und Gemüse dazugeben und kurz andünsten. Tomaten und Wein untermischen, alles mit Zimt, Salz und Pfeffer würzen. Gewürznelken, Lorbeer und Thymian dazugeben und das Huhn bei schwacher Hitze zugedeckt etwa 45 Minuten schmoren. Dabei einmal wenden und bei Bedarf noch etwas Flüssigkeit zugießen. Die Petersilie waschen, trockenschwenken, die Blättchen fein hacken und vor dem Servieren unterrühren.

BEILAGE: Polenta (am besten aus grobem Grieß) und geschmortes Gemüse (Spinat, Mangold oder Wildkräuter)

FÜR 4 PORTIONEN
1 Poularde (etwa 1,3 kg)
Salz · Pfeffer
2 Zwiebeln · 1 Möhre
1 Stange Sellerie · 400 g Tomaten
1 EL Butter · 1 EL Olivenöl
$\frac{1}{8}$ l trockener Weißwein
1 Prise Zimtpulver
4 Gewürznelken
2 Lorbeerblätter
4 Zweige Thymian
1 Bund Petersilie

Coniglio alle verdure
Kaninchen mit Gemüse

1 Das Kaninchen waschen und trockentupfen, in 10–12 Stücke teilen und mit Salz und Pfeffer würzen. Pancetta in Streifen schneiden. Die Zwiebel und den Knoblauch schälen, Zwiebel halbieren und in Streifen, Knoblauch in Scheiben schneiden. Das Gemüse waschen oder schälen, putzen und in kleine Würfel schneiden.

2 Das Öl in einem Schmortopf erhitzen. Die Kaninchenteile darin portionsweise gut anbraten und wieder herausnehmen. Danach Pancetta mit Zwiebel, Knoblauch und Gemüse im verbliebenen Fett gut anbraten. Mit Wein und Zitronensaft ablöschen, Kaninchenteile mit den Lorbeerblättern wieder einlegen und zugedeckt bei schwacher Hitze etwa 40 Minuten schmoren. Mit Salz und Pfeffer abschmecken und servieren.

BEILAGE: Polenta oder Weißbrot

FÜR 4 PORTIONEN
1 Kaninchen (etwa 1,3 g)
Salz · Pfeffer
100 g Pancetta
1 Zwiebel · 2 Knoblauchzehen
2 Möhren · 2 Stangen Sellerie
2 Zucchini
je 1 gelbe und rote Paprikaschote
4 EL Olivenöl
$\frac{1}{4}$ l trockener Weißwein
Saft von $\frac{1}{2}$ Zitrone
2 Lorbeerblätter

Fleisch, Geflügel und Wild

Tacchino con il melograno
Truthahn mit Granatapfel

In Venedig, genauer gesagt auf einer Insel im Stadtteil Cannaregio, entstand 1516 das Ghetto. Hier wurden die Juden der Stadt angesiedelt, abends konnte man die Tore der Brücken schließen und die Bewohner mussten zu Hause bleiben. Es war das erste Ghetto der Welt und der Name, der sich später auch in anderen Ländern einbürgerte, wurde hier aus der Taufe gehoben. Das Viertel, in dem Juden einquartiert wurden, war zuvor die Heimat der Metallgießer (im venezianischen Dialekt geto *oder* gheto *genannt).*

Das Dritte Reich haben hier ein paar mehr Ghettobewohner überlebt als anderswo. Ein Polizist hatte nämlich am 4. Dezember 1943 die Razzia im Ghetto angekündigt. Dirk Schümer berichtet in seinem schönen Venedigbuch darüber (Leben in Venedig, List Verlag).

Gelebt haben Juden in der Lagunenstadt schon viel früher und so manches Gericht aus der jüdischen Küche hat sich erhalten. Außer zahlreichen Rezepten mit Kürbis und mit den feinen zarten Artischocken ist das auch der Truthahn mit Granatapfel.

Granatäpfelbäume sieht man im Hinterland übrigens häufig. Saison haben die Früchte im Winter und man kombiniert sie gerne mit Fleisch, auch mit fetterem als dem des Truthahns, denn die angenehme Säure der roten Kerne passt hervorragend zu Fleisch.

FÜR 6–8 PORTIONEN

1 junge Pute (etwa 3,5–4 kg)
1 unbehandelte Orange
½ unbehandelte Zitrone
100 g fetter Speck
2 Zweige Salbei
2 Zweige Rosmarin
4 Lorbeerblätter
Salz · grob gemahlener Pfeffer
2 EL Olivenöl
4 Scheiben durchwachsener Speck
2 EL Butter
4 Knoblauchzehen
½ l trockener Weißwein
4 Granatäpfel

Außerdem:
Zahnstocher zum Feststecken

1 Die Pute innen und außen kalt abspülen und trockentupfen. Den Backofen auf 170 °C (Umluft 150 °C) vorheizen.

2 Die Orange und die Zitronenhälfte heiß waschen und mit der Schale in Stücke schneiden. Den Speck in Würfel schneiden. Die Kräuter waschen und trockenschütteln. Die Hälfte der Nadeln und Blätter abzupfen und mit 2 Lorbeerblättern, den Zitruswürfeln und dem Speck mischen. Die Pute innen und außen mit Salz und Pfeffer einreiben, die Bauchhöhle mit der Zitrusmischung füllen und die Öffnung mit Zahnstochern verschließen.

3 Die Pute außen mit Salz und Pfeffer einreiben, mit dem Olivenöl einpinseln und mit der Brust nach oben in die Fettpfanne des Backofens legen. Die Brust mit den Speckscheiben und der Butter in kleinen Flöckchen belegen. Den Knoblauch schälen und mit den übrigen Kräutern daneben verteilen.

4 Die Hälfte des Weißweins angießen und die Pute in den heißen Ofen (unten) schieben. Die Pute darin 2 Stunden garen. Dabei zwischendurch den übrigen Wein angießen und die Pute immer wieder mit dem Bratfond beschöpfen.

5 Drei Granatäpfel halbieren und den Saft auspressen. Die Pute mit dem Saft begießen und offen noch einmal etwa 1 Stunde garen. Mit einer dicken Nadel in die dickste Stelle einer Keule stechen, tritt klarer Saft aus, ist die Pute fertig. Ist er noch rötlich, muss sie etwas länger im Ofen bleiben.

6 Die Pute herausnehmen und im abgeschalteten Backofen warm halten. Den Bratfond durch ein Sieb in einen Topf umfüllen. Den vierten Granatapfel halbieren, in Stücke brechen, die Kerne aus den Trennwänden herauslösen und in den Bratfond geben. Die Sauce aufkochen lassen und mit Salz und Pfeffer abschmecken.

7 Die Pute in Stücke schneiden und mit dem Bratfond servieren.

BEILAGE: Gegrillter oder geschmorter Radicchio und Polenta oder Kartoffelpüree

Entenbrust mit Pfifferlingen

Auch wenn Wildenten in Venedig sehr beliebt sind, gelingt das Gericht nach diesem Rezept besser mit der Brust von Tieren, die ein etwas bequemeres Leben hatten, also Fett ansetzen und genügend Fleisch bilden konnten. Die wilden Enten aus der Lagune hingegen schmecken zwar um einiges intensiver, haben aber wenig Fleisch und müssen eher wie Wild denn wie Geflügel behandelt werden.

FÜR 4 PORTIONEN

2 Entenbrüste (je etwa 360 g)
1 Möhre
1 Stange Staudensellerie
2 Zwiebeln
2 Zweige Rosmarin
2 Zweige Salbei
$\frac{1}{4}$ l trockener Weißwein
Salz · Pfeffer
300 g Pfifferlinge
2 EL Butter
$\frac{1}{8}$ l Sahne
$\frac{1}{2}$ Bund Petersilie
1 TL Zitronensaft

1 Die Entenbrüste von der Fettschicht befreien. Die Möhre, den Sellerie und 1 Zwiebel schälen oder waschen, putzen und in grobe Stücke schneiden. Die Kräuter waschen und trockenschütteln.

2 Den Weißwein mit $\frac{3}{4}$ l Wasser, der Zwiebel, der Möhre und dem Sellerie sowie den Kräutern in einen Topf geben und zum Kochen bringen. Die Flüssigkeit salzen und pfeffern und die Temperatur reduzieren. Die Entenbrüste in den Sud legen und darin bei schwacher Hitze in etwa 35 Minuten gar ziehen lassen. Die Flüssigkeit soll dabei immer nur leise sieden, aber nicht kochen.

3 Inzwischen die Pfifferlinge putzen und je nach Größe vierteln, halbieren oder ganz lassen. Die restliche Zwiebel schälen und fein hacken.

4 Die Butter zerlassen und die Pilze mit der Zwiebel darin bei mittlerer Hitze etwa 5 Minuten braten. Die Sahne sowie einen Schöpfer vom Entensud angießen und die Sauce bei mittlerer Hitze etwas einkochen lassen.

5 Die Petersilie waschen und trockenschütteln, die Blättchen sehr fein hacken. Petersilie unter die Pilzsauce mischen und alles mit Zitronensaft, Salz und Pfeffer abschmecken.

6 Die Entenbrüste aus dem Sud heben und in Scheiben schneiden. Auf vorgewärmten Tellern anrichten, mit der Sauce überziehen und rasch servieren.

BEILAGE: Tagliatelle oder Polenta

Tipp: Um die Fettschicht der Entenbrust zu entfernen, lösen Sie sie an einer Stelle mit dem Messer vom Fleisch. Dann lässt sie sich gut abziehen, nur ab und an muss man noch mit dem Messer etwas nachhelfen.
Wer will, kann die Entenhaut in Würfel schneiden und in einem Topf bei schwacher Hitze auslassen. Danach in einen Steinguttopf füllen und erkalten lassen. Das Fett schmeckt sowohl auf frischem Brot als auch als Bratfett für Geflügel sehr gut.

Petto d'anatra ai carciofi
Entenbrust mit Artischocken

1 Die Entenbrüste von der Fettschicht befreien und in dünne Scheiben schneiden. Von den Artischocken die äußeren Blätter großzügig abzupfen, die Spitzen der restlichen Blätter abschneiden und den Stiel der Artischocken spitz zulaufend schälen. Die Artischocken der Länge nach in dünne Scheiben schneiden und mit dem Zitronensaft mischen.

2 Die Zwiebel schälen, halbieren und in feine Streifen schneiden. Knoblauch schälen und fein hacken. Petersilie waschen, trockenschwenken und die Blättchen fein hacken.

3 In einer Pfanne die Hälfte des Öls erhitzen. Entenscheiben darin in 4 Portionen kräftig anbraten und wieder herausnehmen. Restliches Öl in die Pfanne gießen, die Artischocken darin bei mittlerer Hitze unter Rühren etwa 5 Minuten braten. Zwiebel, Knoblauch und Petersilie zugeben und 2–3 Minuten mitbraten. Mit dem Entenfond und der Sahne ablöschen. Die Entenscheiben wieder untermischen und gut heiß werden lassen. Mit Salz, Pfeffer und einer Prise Muskat abschmecken.

FÜR 4 PORTIONEN
2 Entenbrüste (etwa 650 g)
4 kleine zarte Artischocken
1 EL Zitronensaft
1 rote Zwiebel
2 Knoblauchzehen
½ Bund Petersilie
4 EL Olivenöl
⅛ l Entenfond
100 ml Sahne
Salz · Pfeffer
frisch geriebene Muskatnuss

BEILAGE: Polenta

Petto d'oca ai pomodori
Geschmorte Gänsebrust mit Tomaten

1 Die Gänsebrust mit Salz und Pfeffer einreiben. Die Tomaten mit kochendem Wasser überbrühen, abschrecken, häuten, entkernen und klein würfeln. Den Knoblauch schälen und fein hacken. Thymian waschen und trockenschütteln.

2 Einen passenden Schmortopf erhitzen, die Gänsebrust darin mit der Hautseite nach unten anbraten. Gänsebrust wenden, Tomaten mit Knoblauch, Thymian und Lorbeerblättern daneben verteilen und kurz schmoren. Den Wein angießen und die Gänsebrust bei schwacher Hitze zugedeckt 2–2 ½ Stunden schmoren.

3 Das Fleisch aus der Sauce nehmen. Die Gänsebrust nach Wunsch auf den Rost des Backofens legen und unter den heißen Grillschlangen kurz knusprig werden lassen. Anschließend das Fleisch in Scheiben schneiden. Die Sauce mit Salz und Pfeffer abschmecken und mit der Gänsebrust servieren.

FÜR 4 PORTIONEN
1 Gänsebrust mit Haut und Knochen (etwa 860 g)
Salz · Pfeffer
500 g Tomaten
2 Knoblauchzehen
2 Zweige Thymian
2 Lorbeerblätter
⅛ l trockener Weißwein

BEILAGE: Gebratene Kartoffeln oder Polenta und gemischter Salat

Perlhuhn in würziger Sauce

Die salsa peverada, *die ihren Namen durch die reichliche Verwendung von Pfeffer,* pepe, *bekommen hat, kennt man im Veneto schon seit dem 13. Jahrhundert, allerdings wurde sie damals wie die meisten Saucen mit noch mehr Gewürzen sowie mit Zucker oder Honig zubereitet. In manchen Varianten kamen auch Rosinen und Pinienkerne mit in die Sauce. Serviert hat man sie damals wie heute zu Geflügel wie Perlhuhn und Ente, aber auch zu Wildfleisch.*

Perlhühner sind nicht mit Hühnern, sondern mit dem Fasan verwandt und haben ein rötliches und sehr schmackhaftes Fleisch. Wie Fasan oder auch Huhn sollte man sie nicht zu lange garen, damit sie nicht trocken werden.

FÜR 4 PORTIONEN

1 Perlhuhn (etwa 1,5 kg)
Salz · Pfeffer
2 Zweige Rosmarin
1 Zweig Salbei
60 g Butter
4 EL Olivenöl
400 ml Prosecco oder trockener Weißwein
1 Zwiebel
1 kleine Möhre
1 Stange Staudensellerie
1 kleines Bund Petersilie
150 g Hühnerleber
150 g Sopressa (weiche Salami aus dem Veneto)
2 Sardellenfilets in Öl
Saft von 1 Zitrone
2 EL Weißweinessig

1 Den Backofen auf 180 °C (Umluft 160 °C) vorheizen. Das Perlhuhn innen und außen abwaschen und trockentupfen. Ebenfalls innen und außen mit Salz und Pfeffer einreiben. Den Rosmarin und den Salbei waschen und trockenschütteln, mit 20 g Butter in den Bauch des Perlhuhns geben.

2 In einer Kasserolle 20 g Butter mit 2 EL Öl erhitzen. Das Perlhuhn darin rundherum anbraten, dann in den Ofen (Mitte) schieben. Den Prosecco angießen und das Perlhuhn im Ofen etwa 50 Minuten braten, bis es gar ist. Dabei immer wieder mit dem Bratfond begießen. Zur Garprobe mit einem Spieß in die dickste Stelle einer Keule stechen. Es muss klarer Saft austreten; ist er noch rötlich, die Garzeit noch etwas verlängern.

3 Inzwischen die Zwiebel und die Möhre schälen, den Sellerie waschen und putzen, alles in sehr feine Würfel schneiden. Die Petersilie waschen und trockenschwenken, die Blättchen fein hacken. Die Hühnerleber und die Salami ohne Haut in kleine Stücke schneiden. Sardellenfilets abtropfen lassen und fein hacken.

4 Die übrige Butter mit dem restlichen Öl erhitzen. Zwiebel-Gemüse-Mischung darin bei schwacher Hitze unter Rühren etwa 10 Minuten garen. Leber und Salami mit Sardellenstückchen und Petersilie hinzufügen und alles weitere 5 Minuten braten.

5 Mit Zitronensaft und Essig ablöschen, die Garflüssigkeit vom Perlhuhn dazugeben und die Sauce offen noch 5–10 Minuten köcheln lassen. Mit Salz und Pfeffer abschmecken.

6 Das Perlhuhn mit der Geflügelschere und einem scharfen Messer in Portionsstücke teilen und nach Belieben noch einmal kurz unter die heißen Grillschlangen schieben. Das Perlhuhn mit der Sauce servieren.

BEILAGE: Polenta oder Brot

Anatra ripiena
Gefüllte Ente

Egal ob Ente, Huhn oder Gans, Geflügel wird in Venedig und der Terraferma gerne gefüllt und im Ganzen im Ofen gegart. Die Füllung bekommt den feinen Geschmack des Geflügels und ist weich und zart, die Haut der Vögel schön knusprig. Noch heute wird gefüllte Ente hauptsächlich an Festtagen zubereitet.

FÜR 4–6 PORTIONEN
1 Bauernente (etwa 2 kg)
Salz · Pfeffer
2 Scheiben Weißbrot
⅛ l lauwarme Milch
100 g Kalbsschnitzel oder -lende
50 g Pancetta
50 g Sopressa (weiche Salami aus dem Veneto)
2 Knoblauchzehen
1 Bund Petersilie
3 Zweige Rosmarin
1 Ei
2 EL frisch geriebener Parmesan oder alter Asiago
1 EL Öl
10 g Butter
200 ml trockener Weißwein

Außerdem:
Zahnstocher zum Feststecken

1 Die Ente innen und außen waschen und trockentupfen. In einem Schälchen Salz und Pfeffer mischen und die Ente rundherum damit einreiben.

2 Für die Füllung das Brot entrinden und in der Milch einweichen. Kalbfleisch, Pancetta und Salami in kleine Würfel schneiden. Den Knoblauch schälen und sehr fein würfeln. Die Petersilie und 1 Zweig Rosmarin waschen, trockenschwenken, Blättchen und Nadeln abzupfen und sehr fein hacken.

3 Den Backofen auf 200 °C (Umluft 180 °C) vorheizen. Das Brot ausdrücken und sehr fein zerpflücken. Brot, Fleisch, Speck und Salami mit Knoblauch, Kräutern, Ei und Käse gut vermischen und mit Salz und Pfeffer abschmecken. Die Masse in den Bauch der Ente füllen und die Öffnung mit Zahnstochern verschließen.

4 Die Ente mit der Brust nach unten in die Fettpfanne des Backofens setzen. Das Öl mit der Butter erhitzen, bis die Butter geschmolzen ist, die Ente damit einpinseln. Den übrigen Rosmarin waschen und trockenschwenken, neben die Ente legen.

5 Die Ente in den Backofen (unten) schieben und 15 Minuten braten. Den Wein angießen und die Ente weitere 30 Minuten braten. Die Ente wenden und nochmals etwa 45 Minuten braten, bis sie schön gebräunt ist. Dabei häufig mit dem Bratfond beschöpfen.

6 Die Ente mit der Geflügelschere und einem scharfen Messer in Stücke schneiden, die Füllung aus dem Bauch nehmen und mit den Entenstücken auf einer vorgewärmten Platte anrichten. Die Sauce entfetten und getrennt dazureichen.

BEILAGE: Polenta oder Brot

Lepre in salmì
Geschmorter Wildhase

Ob Hasen, Fasane, Stockenten, Reh oder andere Wildarten, die Lagune hat auch in dieser Hinsicht einen reichen Schatz zu bieten. Im Herbst sieht man noch heute Männer, die mit dem Gewehr über der Schulter auf den Vaporetto warten, der sie in die nördliche Lagune bringen soll. Wild, das von Haus aus einen kräftigen Geschmack hat, legt man seit vielen Jahrhunderten in eine Marinade ein, damit es etwas milder und außerdem mürber wird. Dass man in Venedig viele Gewürze an die Marinade gab, lag vor allem am regen Gewürzhandel der Serenissima. Früher kam sogar noch viel mehr dazu, so etwa Zitronat, Orangeat, Schokolade und Nüsse, heute wird meist eine etwas einfachere Marinade bevorzugt. Beim geschmorten Wildhasen ist es in Venedig üblich, die Sauce zum Schluss mit etwas Hasenblut anzudicken. Und auch die Innereien, vor allem die Leber, werden mitgegart und gegessen.

1 Die Hasenstücke kalt abspülen und trockentupfen, in eine Porzellanschüssel legen. Zwiebel, Knoblauch, Möhre und Sellerie schälen oder waschen, putzen und grob zerkleinern. Kräuter kalt abspülen und trockenschütteln. Ebenfalls grob schneiden.
2 Gemüse und Kräuter mit Rotwein und Essig, Gewürzen und 1 TL Salz mischen. Die Hasenstücke damit begießen und zugedeckt über Nacht an einem kühlen Ort durchziehen lassen.
3 Hasenstücke aus der Marinade nehmen und trockentupfen. Die Marinade durch ein Sieb passieren. Pancetta in Würfel schneiden.
4 Die Butter mit dem Öl in einem Schmortopf erhitzen. Pancettawürfel darin anbraten, bis sie glasig sind. Die Hasenstücke mit Salz und Pfeffer würzen, mit etwas Mehl bestäuben und im heißen Fett rundherum gut anbraten. Mit der Hälfte der Marinade aufgießen und zugedeckt bei schwacher Hitze 2–3 Stunden schmoren, bis das Fleisch schön weich ist, dabei bei Bedarf noch etwas Marinade angießen. Sauce mit Salz und Pfeffer abschmecken.

BEILAGE: Polenta

Tipp: Wenn Hasenfleisch übrig bleibt, lösen Sie es von den Knochen, schneiden es in kleine Stücke und machen einen Sugo daraus. Dafür etwas Gemüse (Möhren, Sellerie, Zwiebeln und Knoblauch) sehr klein würfeln und in Öl unter Rühren anschwitzen. Hasenfleisch mit der restlichen Sauce und eventuell 1–2 gewürfelten Tomaten dazugeben und schmoren, bis das Gemüse weich ist. Falls nötig, noch etwas Wein oder Wasser angießen. Den Sugo abschmecken und mit frisch gekochten Tagliatelle servieren.

FÜR 4 PORTIONEN

1,4 kg Wildhasenstücke
1 Zwiebel
1 Knoblauchzehe
1 Möhre
1 Stange Staudensellerie
je 1 Zweig Rosmarin, Thymian,
Salbei, Minze und Basilikum
1 l trockener Rotwein
(z. B. Valpolicella oder Amarone)
$\frac{1}{8}$ l Weinessig
je 1 TL Pfefferkörner und
Wacholderbeeren
$\frac{1}{2}$ TL Gewürznelken
1 Zimtstange
Salz
100 g Pancetta
10 g Butter · 2 EL Öl

Außerdem:
Mehl zum Bestäuben

Polenta pasticciata
Gratinierte Polenta

Den würzigen Brei aus Maisgrieß gibt es in Venedig und dem Veneto nicht nur als Beilage, man macht auch zahlreiche Gerichte daraus, die ein sättigendes Hauptgericht abgeben.

Außer diesem Rezept liebt man im Veneto auch Polenta mit sopressa, der weichen und würzigen Salami. Dafür wird die Wurst in etwa 5 mm dicke Scheiben geschnitten und in wenig Olivenöl von beiden Seiten gebraten, bis sie leicht gebräunt ist. Mit etwas Essig (Aceto balsamico oder mildem Weinessig) ablöschen und zu weicher Polenta servieren. Am besten richten Sie die Wurstscheiben auf der Polenta an und gießen vor dem Servieren das ausgebratene Wurstfett darüber. Ein winterliches und sättigendes Gericht!

1 Für die Polenta 1 l Wasser mit 2 TL Salz zum Kochen bringen. Den Maisgrieß unter Rühren einrieseln lassen und bei sehr schwacher Hitze unter Rühren etwa 30 Minuten garen.

2 Die Polenta etwa 2 cm dick auf ein Brett streichen und komplett auskühlen lassen.

3 Inzwischen die Zwiebel und die Möhre schälen und fein würfeln. Den Sellerie waschen, putzen und ebenfalls klein schneiden. Die Tomaten waschen oder häuten, entkernen und klein würfeln. Pancetta in feine Streifen schneiden, Hühnerbrustfilets mit einem großen schweren Messer so fein wie Hackfleisch hacken. Die Hühnerlebern putzen und ebenfalls fein schneiden.

4 In einem Topf die Hälfte der Butter erhitzen. Pancetta und Zwiebel darin andünsten, bis sie glasig sind. Möhre und Sellerie dazugeben, dann das Hühnerfleisch untermischen und garen, bis es nicht mehr rötlich ist. Hühnerlebern untermischen und anbraten. Tomaten und Wein dazugeben und die Sauce offen bei mittlerer Hitze etwa 10 Minuten köcheln lassen. Mit Salz und Pfeffer abschmecken.

5 Den Backofen auf 200 °C (Umluft 180 °C) vorheizen. Eine feuerfeste Form mit etwas Butter ausstreichen. Die Polenta mit einem angefeuchteten Messer in Scheiben schneiden. Die Form lagenweise mit Polentascheiben und Sauce füllen. Dabei die Polenta jeweils mit etwas Käse bestreuen. Die letzte Schicht sollte Polenta sein und wird mit dem übrigen Käse bestreut. Die restliche Butter in kleine Flöckchen schneiden und auf dem Auflauf verteilen.

6 Die Polenta im heißen Ofen (unten) etwa 35 Minuten backen, bis die Oberfläche schön gebräunt ist. Kurz nachziehen lassen, dann in Stücke schneiden und servieren.

BEILAGE: Gemischter Salat

FÜR 4 PORTIONEN
Salz
300 g feiner Maisgrieß
1 Zwiebel
1 große Möhre
1 Stange Staudensellerie
400 g Tomaten
80 g Pancetta
300 g Hühnerbrustfilets oder Fasanenfleisch
50 g Hühnerlebern
Pfeffer
30 g Butter
50 ml trockener Weißwein
100 g frisch geriebener Parmesan

Außerdem:
Butter für die Form

Verdure
Gemüse

Gemüse ist aus Italiens Küchen nicht wegzudenken und auch in Venedig ist das nicht anders. Am Rialtomarkt kann man sich täglich neu von der prächtigen Vielfalt an Gemüse und Salaten überzeugen. Und das, was es da zu bestaunen gibt, kommt keineswegs alles aus dem Hinterland oder gar aus anderen Regionen Italiens. Venedig hat seine eigene Gemüseinsel, Sant'Erasmo, auf der sehr schmackhaftes Gemüse in äußerst vielfältigen Sorten gedeiht. Zu verdanken ist dies den salzhaltigen Böden der Laguneninsel. Und so kommt Gemüse als Vorspeise auf den Tisch, vor allem aber auch als *contorno*, Beilage, – mal gebraten, mal gegrillt oder auch roh als Salat zubereitet. Überzeugen Sie sich selbst!

Geschmorte Artischockenböden

*S*auber geputzt und in Wasser frisch gehalten, kann man Artischockenböden auf Venedigs Märkten küchenfertig kaufen. Auch wenn das bei uns nicht so ist und wir uns diese Arbeit selbst machen müssen, sollten Sie die Artischockenböden unbedingt probieren. Statt als Beilage, etwa zu Lamm, Huhn oder Kaninchen, schmecken sie übrigens auch als cicheti oder warme Vorspeise sehr gut.

Ebenfalls köstlich sind kleine zarte Artischocken, die die Venezianer zu Beginn der Saison im Winter und Frühling sehnsüchtig erwarten und die man im Ganzen schmort oder brät. Diese venezianische Spezialität heißt castraure, manchmal auch mit dem Beinamen Sant'Erasmo, wenn sie von der fruchtbaren Insel kommt. Castraure nennt man auch die Zweige, die beim Zurückschneiden der Artischockenpflanze entfernt werden. Die Insel Sant'Erasmo ist berühmt für besonders würzige Artischocken, weil die Bauern nur wenige Blütenköpfe an der Staude ausreifen lassen. Vor dem Schmoren werden die Artischocken gut geputzt, also von allen harten äußeren Blättern befreit. Die übrigen Blätter abschneiden und den Stiel spitz zuschneiden. Die Artischocken in einer Pfanne mit Olivenöl und etwas Pancetta in Streifen anbraten. 1 Zwiebel hacken und zugeben. Die Artischocken ein paar Minuten braten, dann mit Salz und Pfeffer würzen und wenig Wasser angießen. Die Artischocken zugedeckt fertig garen oder in der Pfanne offen für etwa 15 Minuten in den vorgeheizten Backofen (200 °C/Umluft 180 °C) schieben.

FÜR 4 PORTIONEN
8 mittelgroße Artischocken
1 Zitrone
2 Knoblauchzehen
$\frac{1}{2}$ Bund Petersilie
6 EL Olivenöl
$\frac{1}{8}$ l Fleisch- oder Gemüsebrühe
Salz · Pfeffer

1 Die Artischockenstiele abschneiden, die harten Artischockenblätter abzupfen. Die kleinen violetten Blätter mit dem darunter liegenden Heu mit einem scharfen Messer vom Artischockenboden abschneiden. Die Zitrone halbieren und die Artischockenböden mit den Schnittflächen der Zitrone einreiben.

2 Die Knoblauchzehen schälen und sehr fein hacken. Die Petersilie waschen und trockenschütteln, die Blättchen ebenfalls fein schneiden.

3 Das Öl in einer weiten Pfanne mit Deckel oder in einem Topf erhitzen. Die Artischockenböden darin von beiden Seiten leicht braun braten. Den Knoblauch und die Petersilie dazugeben und kurz mitbraten.

4 Die Artischocken mit der Brühe aufgießen, mit Salz und Pfeffer würzen und zugedeckt bei schwacher Hitze in etwa 15 Minuten weich schmoren. Warm oder abgekühlt servieren.

Variante: Gut schmecken auch gefüllte Artischockenböden. Die Artischocken dazu wie beschrieben vorbereiten und in kochendem Salzwasser 10 Minuten vorgaren. 2 Scheiben Schinken mit 2 geschälten Knoblauchzehen und $\frac{1}{2}$ Bund Petersilie fein hacken, mit 1 hart gekochten, gewürfelten Ei, 2 EL Semmelbröseln und 4 EL Olivenöl mischen und mit Salz und Pfeffer abschmecken. Die Artischockenböden nebeneinander in eine feuerfeste Form legen und mit der Masse bedecken. Mit je einem Butterflöckchen belegen und im Backofen bei 180 °C (Umluft 160 °C) etwa 25 Minuten backen, bis sie weich und schön gebräunt sind. Sie schmecken heiß, lauwarm oder abgekühlt.

Fasioi in salsa
Bohnen mit Sardellensauce

Die Bohnen – im venezianischen Dialekt fasioi*, sonst* fagioli *– passen zu Geflügel und Wild, aber auch zu Fisch, etwa Tintenfisch oder Sardinen, Makrelen oder* baccalà.

1 Die Bohnen in kochendes Salzwasser geben und zugedeckt in etwa 20 Minuten bei mittlerer Hitze weich garen.

2 Inzwischen den Sellerie putzen, waschen und mit dem Grün sehr fein würfeln. Knoblauch schälen und fein hacken. Petersilie waschen, trockenschwenken und die Blättchen ebenfalls fein hacken. Sardellenfilets abtropfen lassen und in kleine Würfel schneiden.

3 Öl in einem Topf erhitzen. Sellerie mit Knoblauch darin bei schwacher Hitze 3–4 Minuten unter Rühren dünsten. Sardellen und Petersilie untermischen und weiterdünsten, bis die Sardellen sich auflösen. Den Essig angießen und einmal aufkochen, die Sauce mit Salz und Pfeffer abschmecken.

4 Die Bohnen abgießen und noch warm mit der Sauce mischen. Die Bohnen in eine Schüssel geben und lauwarm abkühlen lassen. Vor dem Servieren nochmals abschmecken.

FÜR 4 PORTIONEN
400 g frisch gepalte Borlottibohnen oder dicke Bohnen
Salz
1 helle Stange Staudensellerie
(vom Inneren der Staude)
2 Knoblauchzehen
½ Bund Petersilie
8 Sardellenfilets in Öl
2 EL Olivenöl
5 EL Rotweinessig · Pfeffer

Zucchine al forno
Zucchiniauflauf

Dieser Auflauf schmeckt warm oder lauwarm, ist aber auch abgekühlt als Vorspeise sehr gut.

1 Zucchini waschen und putzen, in dünne Scheiben schneiden. Die Kräuter waschen und trockenschütteln, die Blättchen sehr fein hacken. Den Käse fein reiben oder in sehr kleine Würfel schneiden.

2 Den Backofen auf 175 °C (Umluft 150 °C) vorheizen, eine feuerfeste Form mit Butter ausstreichen. Die Eier in einer Schüssel verquirlen. Die Zucchini untermischen und mit Salz und Pfeffer würzen. Eine Lage Zucchini in die Form schichten. Mit etwas Käse und Kräutern bedecken, wieder mit Zucchini belegen. Auf diese Weise alle Zutaten einschichten, mit der Käsemischung abschließen. Die übrigen Eier aus der Schüssel über die Zucchini gießen und die Oberfläche mit ein paar Butterflocken belegen.

3 Die Zucchini im heißen Ofen (Mitte) 50–60 Minuten backen, bis sie weich und schön gebräunt sind.

FÜR 4 PORTIONEN
600 g Zucchini
½ Bund Petersilie
¼ Bund Basilikum
200 g Asiago oder Provolone
2 Eier
Salz · Pfeffer

Außerdem:
Butter für die Form und
zum Belegen

Asparagi in salsa verde
Spargel mit grüner Sauce

Für 4 Portionen
1 kg grüner Spargel
Salz · 1 TL Zucker
2 hart gekochte Eier
4 Sardellenfilets in Öl
50 g Thunfisch in Öl
1 EL Kapern
1 kleines Bund Rucola
1 Bund Petersilie
100 ml Olivenöl
Saft von ½ Zitrone
Pfeffer

1 Den Spargel waschen und die holzigen Enden abschneiden. Falls nötig, die Spargelstangen am unteren Ende dünn schälen. In einem großen Topf Wasser zum Kochen bringen, mit Salz und dem Zucker würzen. Die Spargelstangen einlegen und je nach Dicke in 6–8 Minuten bissfest kochen.

2 Inzwischen die Eier schälen. Das Eiweiß fein hacken, die Eigelbe zerdrücken. Die Sardellenfilets und den Thunfisch abtropfen lassen und mit den Kapern sehr fein hacken. Rucola und Petersilie waschen und trockenschwenken, von den harten Stielen befreien und ebenfalls fein hacken.

3 Die Eigelbe mit dem Öl, dem Zitronensaft und 5 EL des Spargelkochwassers gründlich verrühren. Die übrigen Saucenzutaten untermischen und die Sauce mit Salz und Pfeffer abschmecken.

4 Den Spargel mit einem Schaumlöffel aus dem Wasser heben, abtropfen lassen und auf einer Platte anrichten. Mit der Sauce bedecken und servieren.

Asparagi alla Giorgione
Frittierter Spargel

Der weiße Spargel aus Bassano del Grappa, einem kleinen Ort am Ende des Valsugana-Tals, ist so berühmt – in Italien, wo es vor allem grünen Spargel gibt, ohnehin eine Seltenheit – dass sich ein Consorzium um ihn kümmert und er die Auszeichnung DOC (Denominazione di origine controllata – kontrollierte Herkunftsbezeichnung) verliehen bekommen hat.

Für 4 Portionen
1 kg weißer Spargel
Salz
1 EL Zitronensaft
100 ml Olivenöl

1 Den Spargel von den holzigen Enden befreien, die Stangen von oben nach unten gründlich schälen. Die Spitzen abschneiden, die Stangen in etwa 4 cm lange Stücke schneiden. In einem Topf Wasser zum Kochen bringen, salzen und mit dem Zitronensaft mischen.

2 Die Spargelstücke im kochenden Wasser etwa 5 Minuten garen, aus dem Wasser heben, kurz abschrecken, abtropfen lassen und gut trockentupfen.

3 Das Öl in einer Pfanne sehr heiß werden lassen. Die Spargelstücke darin noch einmal ungefähr 5 Minuten braten, bis sie schön gebräunt und bissfest sind. Den Spargel aus dem Öl heben, abtropfen lassen und kurz auf Küchenpapier entfetten. Auf eine vorgewärmte Platte geben, salzen und heiß servieren.

Radicchio ai ferri
Gegrillter Radicchio

Radicchio in allen Variationen – roh, gekocht, in Marinade einlegt, gebraten oder gegrillt – zeichnet die Region Treviso aus, wo er auch hauptsächlich gedeiht. Über die einzelnen Sorten erfahren Sie mehr auf Seite 28. Radicchio ai ferri passt gut zu gebratenem und geschmortem Fleisch, Wild oder kalt als Vorspeise.

FÜR 4 PORTIONEN
500 g Radicchio di Treviso
8 EL Olivenöl · Salz · Pfeffer

Zum Garnieren:
Zitronenschnitze

1 Den Backofengrill anheizen. Radicchio von den welken Blättern befreien und der Länge nach vierteln.

2 Eine feuerfeste Form mit etwas Öl ausstreichen und die Radicchioviertel nebeneinander hineinlegen. Mit Salz und Pfeffer würzen und mit dem übrigen Öl einpinseln oder beträufeln.

3 Den Radicchio unter den heißen Grillschlangen (mit etwa 15 cm Abstand) etwa 12 Minuten grillen, dabei nach etwa der Hälfte der Zeit wenden. Mit Zitronenschnitzen servieren.

Variante: Radicchio kann man auch gut ohne Grill im Ofen garen. Dazu den Radicchio – *rosso tardivo* oder *rosso precoce* – waschen und je nach Größe der Länge nach halbieren, vierteln oder achteln. Die Radicchiostücke in eine feuerfeste Form legen, salzen, pfeffern und mit Olivenöl beträufeln. Bei 180 °C etwa 15 Minuten garen.

Radicchio al vino rosso
In Rotwein geschmorter Radicchio

Auf diese Art zubereitet schmeckt der Radicchio als Beilage zu Geflügel – etwa Perlhuhn, Ente oder Fasan –, aber auch zum Schweinefleisch in Milch (Seite 94) sehr gut.

FÜR 4 PORTIONEN
600 g Radicchio di Treviso
4 Knoblauchzehen
4 EL Olivenöl
$\frac{1}{8}$ l trockener Rotwein
Salz · Pfeffer
1 Prise Zucker oder 1 TL Honig

1 Den Radicchio von den welken Blättern befreien, waschen, trockentupfen und der Länge nach vierteln. Den Knoblauch schälen und in feine Scheiben schneiden.

2 Das Öl in einem Schmortopf erhitzen. Radicchio darin bei starker Hitze rundherum gut anbraten. Knoblauch kurz mitbraten. Radicchio mit dem Wein ablöschen und mit Salz, Pfeffer und Zucker würzen. Den Radicchio zugedeckt bei schwacher Hitze noch etwa 10 Minuten schmoren. Warm oder lauwarm servieren.

Patate alla veneziana

Gebratene Kartoffelwürfel

In einer Region, wo die sättigende Beilage meist Polenta heißt, muss es auch einmal etwas anderes als Begleitung zum Fleisch oder Fisch sein. Kartoffeln, aus rohen Würfeln langsam knusprig gebraten oder zerdrückt und mit Milch, Olivenöl und Käse zu einem würzigen Püree verfeinert, sind da sicher nicht die schlechteste Wahl.

1 Die Zwiebel schälen und fein würfeln. Die Kartoffeln schälen, waschen und trockentupfen, dann in gut 1 cm große Würfel schneiden.
2 Das Öl mit der Butter in einer Pfanne erhitzen. Die Zwiebel darin kurz andünsten. Kartoffeln dazugeben und bei schwacher bis mittlerer Hitze in etwa 20 Minuten weich braten. Dabei immer mal wieder durchrühren.
3 Die Petersilie waschen und trockenschütteln, die Blättchen abzupfen und fein hacken. Die Kartoffeln salzen, mit der Petersilie mischen und servieren.

FÜR 4 PORTIONEN

1 Zwiebel
800 g fest kochende Kartoffeln
5 EL Olivenöl
20 g Butter
¼ Bund Petersilie
Salz

Purè di patate

Kartoffelpüree

1 Die Kartoffeln waschen und schälen. In Würfel schneiden und in Salzwasser zugedeckt weich garen.
2 Inzwischen die Butter schmelzen, aber nicht braun werden lassen. Die Milch erwärmen. Die Kartoffeln abgießen und durch die Kartoffelpresse zurück in den Topf pressen. Mit der Butter und der Milch mit dem Kochlöffel kräftig durchschlagen.
3 Das Öl und den Käse unterrühren und das Püree mit Salz abschmecken.

FÜR 4 PORTIONEN

750 g mehlig kochende Kartoffeln
Salz · 80 g Butter · 150 ml Milch
6 EL Olivenöl
6 EL frisch geriebener Parmesan
oder reifer Asiago

Insalata di carciofi

Artischockensalat

Am besten gelingt der Salat mit den ganz kleinen, zarten Artischocken, die man in Venedig castraure nennt. Auf unseren hiesigen Märkten tauchen zwar keine venezianischen, aber andere italienische Artischocken auf, die sich hervorragend roh essen lassen.

FÜR 4 PORTIONEN
4 kleine zarte Artischocken
1 Zitrone
Salz
1 Fenchelknolle
½ Bund Petersilie
ein paar Blätter Rucola
1 Knoblauchzehe
1 EL Kapern
4 EL Olivenöl
Pfeffer

1 Von den Artischocken die äußeren Blätter sorgfältig entfernen. Die Blattspitzen der restlichen Blätter abschneiden, den Stiel spitz zulaufend schälen. Die Artischocken der Länge nach in sehr dünne Scheiben schneiden oder hobeln. ½ Zitrone auspressen und den Saft unter die Artischockenscheiben mischen. Leicht salzen und etwa 15 Minuten ziehen lassen.
2 Den Fenchel waschen und putzen, das zarte Grün beiseite legen. Die Knolle halbieren, vom Strunk befreien und längs in feine Scheiben schneiden oder hobeln. Den Fenchel zu den Artischocken geben.
3 Petersilie und Rucola waschen und trockenschwenken, die Blättchen abzupfen und fein hacken. Den Knoblauch schälen und fein hacken. Die übrige Zitronenhälfte so schälen, dass auch die weißen Häutchen entfernt werden und das Fruchtfleisch würfeln, dabei entkernen.
4 Kräuter mit Fenchelgrün, Knoblauch, Zitronenfleisch, Kapern und Olivenöl im Blitzhacker zu einer cremigen Sauce verarbeiten. Falls sie zu dickflüssig ist, noch etwas Wasser untermixen. Die Sauce mit Salz und Pfeffer abschmecken und mit dem Gemüse mischen. Falls nötig, noch etwas Zitronensaft dazugeben.
BEILAGE: Brot

Tipp: Gut passen zu diesem Salat auch Garnelen. Die Artischocken dann auf Tellern anrichten. Gegarte Garnelen mit etwas Zitronensaft, Olivenöl, Salz und Pfeffer anmachen und auf dem Gemüse anrichten. Den Salat als Vorspeise servieren.

Insalata di cavolo cappuccio e radicchio

Weißkohl-Radicchio-Salat

In einen gemischten Salat kommt nicht nur im Veneto alles, was die Saison gerade zu bieten hat: von Salat aus dem Beet bis zu Kräutern und Wildkräutern von Feldrändern und Wiesen. Kohl und Radicchio sind eher winterliche Sorten, die sich gut ergänzen.

FÜR 4 PORTIONEN
¼ Weißkohl (etwa 350 g)
2 Radicchio di Treviso
(etwa 200 g)
1 rote Zwiebel · Salz
1 EL Weißwein- oder
Proseccoessig
4 EL Olivenöl

1 Den Weißkohl und den Radicchio von den welken Blättern befreien, waschen und in sehr feine Streifen schneiden oder hobeln. Die Zwiebel schälen, halbieren und in feine Streifen schneiden. Zwiebel und Kohl-Radicchio-Mischung jeweils leicht salzen, alles gut durchmischen und 30 Minuten stehen lassen.
2 Den Essig mit dem Öl verrühren. Zwiebel und Kohl mit der Salatsauce mischen und gut durchrühren. Eventuell noch mit etwas Salz abschmecken und servieren.

Spargelomelett

Frittate *in allen möglichen Abwandlungen sind in Venedig und im gesamten Veneto sehr beliebt. Früher gab es in jedem Haushalt sogar eine eigene Pfanne, die nur für die Zubereitung der luftigen Eierspeisen verwendet wurde – die* farsòra. *Die Eisenpfanne hatte einen eher niedrigen Rand und einen dicken Boden, der ganz eben war. Eine* frittata *sollte braun werden, aber nicht anbrennen, also auch nicht am Pfannenboden anbacken. Das erreichte man vor allem dadurch, dass die Pfanne immer gut gefettet war, sie wurde nach Gebrauch deshalb noch nicht einmal ausgespült, sondern nur mit einem Tuch sauber ausgewischt.*

Heute gibt es vor allem im Hinterland von Venedig noch immer kleine Trattorien, in denen man sich an den unterschiedlichsten frittate *satt essen kann.*

FÜR 4 PORTIONEN
400 g grüner Spargel
1 Zwiebel
2 Knoblauchzehen
1 Bund Petersilie
2 EL Olivenöl
100 ml trockener Weißwein
8 Eier
Salz · Pfeffer
20 g Butter

1 Den Spargel waschen und die holzigen Enden abschneiden. Die Stangen falls nötig am unteren Ende dünn schälen. Den Spargel in etwa 5 cm lange Stücke schneiden.

2 Die Zwiebel und den Knoblauch schälen und fein hacken. Petersilie waschen und trockenschwenken, die Blättchen abzupfen und fein hacken.

3 In einer Pfanne das Olivenöl erhitzen. Die Spargelstücke darin bei mittlerer Hitze unter Rühren 3–4 Minuten braten. Zwiebel, Knoblauch und Petersilie untermischen und kurz andünsten. Mit dem Wein aufgießen und so lange weiter garen, bis er verdampft ist.

4 Die Eier gründlich verquirlen und mit Salz und Pfeffer würzen. Die Butter zum Spargel in die Pfanne geben, die Eier darüber gießen und bei schwacher Hitze etwa 10 Minuten braten. Die Frittata auf einen Teller gleiten lassen und mit der ungebackenen Seite nach unten in die Pfanne stürzen. Die Frittata noch einmal etwa 10 Minuten backen, bis sie schön gebräunt ist. Zum Servieren in Tortenstücke schneiden.

Tipp: Wer vor so einer *frittata* eine Vorspeise serviert – versuchen Sie es mal mit *Sgombri ai cipolle* (Rezept Seite 41) – und dazu einen frischen Salat reicht, kann damit gut satt werden. Eine Beilage ist sie nie, kann aber auch einmal ein *primo* ersetzen.

Frittata col formaggio

Käseomelett

1 Den Asiago von der Rinde befreien und in kleine Würfel schneiden. Die Eier in eine Schüssel aufschlagen und mit den Rührbesen des Handrührgerätes schaumig rühren. Pfeffer, wenig Salz und den Käse untermischen.

2 In einer Pfanne 20 g Butter schmelzen lassen. Die Eiermasse in die Pfanne gießen und bei mittlerer Hitze 10–15 Minuten garen, bis die Oberfläche beginnt, fest zu werden.

3 Die Frittata auf einen Teller gleiten lassen, die übrige Butter in die Pfanne geben und die Frittata wieder in die Pfanne stürzen. Auf der zweiten Seite noch etwa 8 Minuten backen, dann auf einen vorgewärmten Teller geben und die Frittata heiß servieren.

BEILAGE: Brot

FÜR 4 PORTIONEN
150 g Asiago
6 große Eier
Pfeffer · wenig Salz
30 g Butter

Tipp: Vor allem dieses Käseomelett ist so sättigend, dass man es auch einmal als kleines Hauptgericht servieren kann. Reichen Sie dann vielleicht einen kleinen gemischten Salat dazu. Noch lockerer wird die *frittata*, wenn Sie die Eier trennen und die Eiweiße zu steifem Schnee schlagen. Eigelbe mit dem Käse, Salz und Pfeffer verrühren und den Eischnee unterheben. Braten wie beschrieben.

Frittata con il salame

Omelett mit Salami

1 Die Zwiebel schälen, halbieren und in feine Streifen schneiden. Die Salami häuten und in Würfel schneiden.

2 Die Butter in einer Pfanne zerlassen, die Zwiebelstreifen darin bei mittlerer bis schwacher Hitze unter Rühren in etwa 10 Minuten fast weich braten. Salamistücke dazugeben und kurz mitbraten.

3 Die Eier gut verquirlen, mit Pfeffer und etwas Salz (die Salami ist auch salzig) würzen und über die Zwiebelmischung gießen. Alles gut verrühren, dann bei schwacher bis mittlerer Hitze braten, bis die Oberfläche zu stocken beginnt.

4 Die Frittata auf einen Teller gleiten lassen, mit der ungebackenen Seite nach unten zurück in die Pfanne stürzen und noch einmal etwa 5 Minuten braten.

5 Die Frittata auf eine vorgewärmte Platte geben und heiß servieren.

BEILAGE: Brot

FÜR 4 PORTIONEN
1 große Zwiebel
150 g Sopressa (weiche Salami aus dem Veneto)
10 g Butter
6 große Eier
Pfeffer · Salz

Dolci
Süßspeisen

Venedig hat Europa mit dem Kaffee bekannt gemacht, den Zucker und die vielen Gewürze übers Meer aus dem Orient gebracht. In der Serenissima wurde auch das erste Caffè eröffnet. Das war zwar nicht das Caffè Florian am Markusplatz, es ist aber heute trotzdem das älteste noch erhaltene Kaffeehaus Italiens. Zu Ehren des Heiligen Markus, des Stadtpatrons, wurde in Venedig das erste Mal Marzipan hergestellt und auch die Zabaione soll hier erfunden worden sein.

Heute backt man Plätzchen und Torten, kocht Früchte in Wein, macht Eis und das inzwischen weltberühmte Tiramisù. Und wenn auch vieles – wie überhaupt die Küche Venedigs – eher einfach ist, ist es doch einfach köstlich!

Tiramisù
Mascarponedessert

Das zart-cremige Dessert, das die Herzen aller Süßmäuler auf der ganzen Welt erobert hat, hatte seine Geburtsstunde in Treviso und zwar in den sechziger Jahren des letzten Jahrhunderts. Es ist also keineswegs ein altes Rezept, wie viele behaupten. In Treviso, wo man das Tiramisù inzwischen in jeder pasticcerie und vielen Restaurants bekommt, ist es vom Koch des Ristorante „Alle Beccherie", einem traditionellen Ristorante, das 1870 eröffnet wurde, erfunden worden und gilt heute als das typischste dolci der ganzen Stadt. Ob man die Creme nur mit Eigelb oder auch mit Eischnee zubereitet, darüber streiten sich die Geister. In jedem Fall wird die Creme durch das steif geschlagene Eiweiß luftiger und leichter. Entscheiden Sie selbst.

Und dass es nicht nur gut schmeckt, sondern auch fröhlich stimmt und Kraft gibt, lässt sich an seinem Namen ablesen: Tiramisù heißt nichts anderes als „zieh mich hoch". Und das tut es dann auch.

FÜR 6–8 PORTIONEN
5 sehr frische Eier
5 EL Zucker
500 g Mascarpone
150 g Löffelbiskuits (am besten frisch vom Bäcker)
3/8 l kalter Espresso

1 Die Eier trennen, die Eiweiße steif schlagen. Die Eigelbe mit dem Zucker schaumig rühren, dann nach und nach Mascarpone unterrühren. Den Eischnee unterheben.
2 Eine eckige Form mit einer Lage Löffelbiskuits auslegen und mit Espresso tränken. Eine Schicht Mascarponecreme darauf verteilen, wieder mit einer Lage Löffelbiskuits belegen und tränken. Auf diese Weise alle Zutaten aufbrauchen. Mit Mascarponecreme abschließen.
3 Das Tiramisù in den Kühlschrank stellen und etwa 8 Stunden durchziehen lassen. Vor dem Servieren mit Kakaopulver bestäuben.

Außerdem:
Kakaopulver zum Bestäuben

Tipp: In Treviso wie auch in Venedig bereitet man auch nur die Mascarponecreme zu und serviert sie mit unterschiedlichem Gebäck, das man in die Creme stippen kann. Die Creme wird in diesem Fall frisch zubereitet und ohne Kühlzeit serviert.
Ebenfalls köstlich: frische Früchte, zum Beispiel Erdbeeren, in die Creme tauchen.

Mandorlato
Mandelkonfekt

Die Erfindung dieser typisch venezianischen Süßigkeit schreibt man einem Apotheker aus Cologna Veneta zu, der sie 1892 erfunden haben soll. Vermutlich wurde das Konfekt jedoch schon viel früher entdeckt und schmeckte bereits den Dogen als willkommene Leckerei. Die Serenissima hatte auch die Regierungsgewalt über weite Teile des Veneto und so ist es wahrscheinlich, dass sich dolci *wie diese schon damals über die Stadtgrenzen hinaus auch in der* Terraferma *verbreiteten. Vielleicht war der Apotheker einfach einer der ersten, der die genaue Zubereitung aufgeschrieben hat. Wie auch immer, die Herstellung macht zwar etwas Arbeit, das Ergebnis ist sie aber allemal wert. Gut schmeckt* mandorlato *zu einem starken Espresso, aber auch zu einem Gläschen Dessertwein.*

1 In einem Topf Wasser zum Kochen bringen. Mandeln hineingeben und etwa 10 Minuten darin kochen. In einem Sieb kalt abschrecken und die Kerne aus den Häuten drücken. Ein Backblech mit Backpapier auslegen, die Mandeln darauf verteilen. In den Ofen schieben, die Hitze auf 130 °C (Umluft 110 °C) schalten und die Mandeln etwa 30 Minuten rösten, bis sie trocken und leicht gebräunt sind. Zwischendurch das Backblech etwas rütteln und die Mandeln dadurch wenden, damit sie gleichmäßig bräunen.

2 Inzwischen den Honig in einer Schüssel auf ein heißes Wasserbad setzen, ihn etwa 1 Stunde erhitzen und dickflüssig werden lassen. Dabei immer wieder durchrühren.

3 Nach der Hälfte der Zeit den Zucker mit 100 ml Wasser in einen Topf geben und schmelzen lassen. Den Zucker bei schwacher bis mittlerer Hitze in etwa 20 Minuten zu einem karamellfarbenen Sirup einkochen. Dabei ebenfalls sehr häufig durchrühren und darauf achten, dass der Sirup nicht zu dunkel wird.

4 Die Zitrone heiß waschen und abtrocknen, die Schale fein abreiben. Das Eiweiß zu steifem Schnee schlagen. Den Sirup unter den Honig rühren, dann den Eischnee mit dem Schneebesen untermischen. Die Zitronenschale unterrühren.

5 Die Backoblaten jeweils einmal so halbieren, dass zwei dünne Blätter entstehen. Eine Form von etwa 30 x 40 cm Größe mit Oblaten (glatte Seite nach unten) auslegen. Mandeln unter die Honigmasse rühren und die Mischung auf den Oblaten verstreichen. Die übrigen Oblaten mit der glatten Seite nach oben auf die Mandeln legen und leicht andrücken. Das Mandorlato komplett auskühlen und fest werden lassen. Dann in Stücke schneiden.

FÜR ETWA 30 STÜCK:

600 g ungeschälte Mandelkerne
300 g Honig
300 g feiner Zucker
½ unbehandelte Zitrone
2 Eiweiße
2 eckige Backoblaten

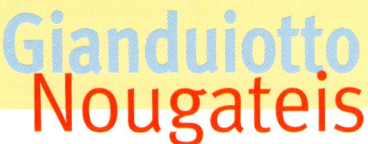

Gianduiotto
Nougateis

*S*chmelzendes Nougateis, das in einem Bett von luftiger Sahne schwimmt – Dessert oder süße Belohnung, wie die Venezianer sie lieben.

FÜR 4–6 PORTIONEN
125 g Nussnougat · 50 ml Milch
3 Eigelbe · 2 EL Zucker
2 Eiweiße
150 ml Sahne

Zum Servieren:
¼ l Sahne
1 Päckchen Vanillezucker

1 Nussnougat in Würfel schneiden, mit der Milch in eine kleine Schüssel geben und auf einem heißen Wasserbad schmelzen lassen, dabei ab und zu umrühren.

2 Die Eigelbe mit dem Zucker mit dem Handrührgerät sehr schaumig schlagen. Eiweiß und Sahne getrennt steif schlagen. Den geschmolzenen Nougat unter die Eigelbcreme rühren, Eischnee und Sahne unterheben.

3 Die Masse in eine Porzellanschüssel füllen und in etwa 4 Stunden im Gefrierfach fest werden lassen. Dabei häufig durchrühren, damit sie gleichmäßig durchfriert.

4 Zum Servieren die Sahne mit dem Vanillezucker nicht ganz steif schlagen. In Schälchen füllen, das Nougateis in Würfel schneiden und im Sahnebett versenken. Rasch servieren.

Crema fritta
Frittierte Puddingwürfel

FÜR 4 PORTIONEN
½ unbehandelte Zitrone
¼ unbehandelte Orange
½ l Milch
50 g Speisestärke
50 g Zucker
1 Messerspitze Vanillemark
2 Eier
150 g Semmelbrösel

Außerdem:
Frittierfett zum Ausbacken
Puderzucker zum Bestäuben

1 Die Zitrusfrüchte waschen und trockentupfen, die Schale sehr fein abreiben. Etwa 5 EL von der Milch abnehmen und die Speisestärke darin anrühren.

2 Die übrige Milch mit dem Zucker, der Zitrusschale und dem Vanillemark in einem Topf erhitzen. Die angerührte Speisestärke unterrühren, unter Rühren zum Kochen bringen und weiterrühren, bis die Masse dickflüssig ist. In eine Schüssel füllen und etwas abkühlen lassen. 1 Ei trennen, das Eigelb unter die Puddingmasse rühren, das Eiweiß steif schlagen und unterheben.

3 Die Creme in eine kalt ausgespülte eckige Form füllen und mindestens 4 Stunden kühl stellen, bis sie fest ist.

4 Dann aus der Form stürzen und in Quadrate von 3–4 cm Größe schneiden. Das restliche Ei verquirlen. Das Frittierfett erhitzen.

5 Die Puddingwürfel erst in Ei, dann in den Semmelbröseln wenden. Die Würfel im heißen Fett in 2–4 Minuten goldbraun frittieren. Mit einem Schaumlöffel herausheben, auf einer dicken Lage Küchenpapier etwas abtropfen lassen und noch warm mit Puderzucker bestäubt servieren.

Tipp: Statt Puderzucker auch mal Zimtzucker zum Bestreuen verwenden.

Budini di riso
Reistörtchen

FÜR 4 PORTIONEN
650 ml Milch
1 Vanilleschote
50 g Zucker
1 Prise Salz
100 g Milchreis
60 g Rosinen
½ unbehandelte Zitrone
2 Eier
2 EL Pinienkerne

Außerdem:
4 feuerfeste Förmchen
Butter für die Förmchen

1 Die Milch in einen Topf geben. Die Vanilleschote längs aufschlitzen und das Mark mit dem Messerrücken herauskratzen. Mark und Schote in die Milch geben und erhitzen.

2 Zucker und Salz in die Milch geben, den Milchreis einrühren und bei schwacher Hitze zugedeckt etwa 20 Minuten ausquellen lassen. Dabei immer mal wieder durchrühren, damit er nicht anbrennt.

3 Inzwischen die Rosinen mit lauwarmem Wasser bedecken und darin einweichen. Die Zitronenhälfte heiß waschen und abtrocknen, die Schale fein abreiben.

4 Den Reis in eine Schüssel füllen und lauwarm abkühlen lassen. Den Backofen auf 180 °C (Umluft 160 °C) vorheizen. 4 feuerfeste Förmchen fetten.

5 Die Eier trennen. Eigelbe mit Zitronenschale, Pinienkernen und den abgetropften Rosinen unter den Reis rühren. Eiweiß zu steifem Schnee schlagen und unterheben. Die Masse in die Förmchen verteilen.

6 Die Törtchen im vorgeheizten Ofen (Mitte) 20–25 Minuten backen, bis sie fest und leicht gebräunt sind. Die Törtchen etwas stehen lassen, vom Rand der Förmchen lösen und auf Teller stürzen. Warm servieren.

Varianten: Versuchen Sie statt Rosinen auch getrocknete Aprikosen in kleinen Stücken oder kandierte Früchte wie Melonen, Zitronenscheiben oder Feigen. Pinienkerne lassen sich auch durch Walnusskerne (in Stücke brechen) oder Pistazienkerne (grob hacken) ersetzen. Und statt Zitronenschale schmeckt auch Orangenschale. Diese am besten mit einem Zestenreißer in feinen Streifen ablösen.

Bussolai
Teigkringel

Diese traditionellen knusprigen Plätzchen stammen von der Insel Burano, ihr Name könnte auf bussola für Kompass zurückgehen, den die Fischer von Burano auch in der Lagune dringend brauchen. Es gibt sie nicht nur in süßer Form: Nur mit Hefe und Salz zubereitet, werden sie auch gerne zum Aperitif oder statt Brot zu antipasti und primi gereicht.

FÜR ETWA 45 STÜCK:
1 unbehandelte Zitrone
500 g Mehl
½ Päckchen Trockenhefe
1 Prise Salz
125 g Zucker
125 g weiche Butter
4 Eier
5 EL Anislikör oder Schnaps
(Sambuca oder Mistra)

1 Die Zitrone heiß waschen und abtrocknen, die Schale fein abreiben. Das Mehl mit der Trockenhefe, dem Salz und dem Zucker mischen.

2 Die Butter mit den Eiern, dem Anislikör und der Zitronenschale zur Mehlmischung geben und alles zu einem glatten geschmeidigen Teig verkneten. Den Teig zugedeckt an einem warmen Ort etwa 45 Minuten gehen lassen.

3 Den Teig noch einmal durchkneten und auf wenig Mehl zu fingerdicken, gut 15 cm langen Teigstücken rollen. Teigstücke zu Kringeln formen, die Enden leicht zusammen drücken.

4 Den Backofen auf 180 °C (Umluft 160 °C) vorheizen. Das Backblech mit Backpapier auslegen. Die Teigkringel mit etwas Abstand voneinander auf das Blech legen und im heißen Ofen (Mitte) etwa 17 Minuten backen, bis sie knusprig, aber nicht zu braun sind.

Dolci / Süßspeisen

Baicoli
Knusperplätzchen

Mit baicolo bezeichnet man im venezianischen Dialekt auch kleine Wolfsbarsche. Das Gebäck soll in der Form an sie erinnern und wird deshalb so genannt.

1 Die frische Hefe zerkrümeln und in der Milch mit 1 EL Zucker verrühren. Die angerührte Hefe 15 Minuten gehen lassen. Salz mit Mehl mischen. Die Orange heiß waschen und abtrocknen, die Schale dünn abreiben, den Saft auspressen.

2 Die angerührte Hefe mit dem restlichen Zucker, Orangenschale und -saft sowie der Butter in kleinen Stücken zum Mehl geben und alles zu einem glatten geschmeidigen Teig verkneten. Den Teig zugedeckt an einem warmen Ort etwa 1 Stunde gehen lassen, bis sich sein Volumen verdoppelt hat.

3 Dann das Eiweiß steif schlagen und unter den Teig mischen. Den Teig halbieren und jeweils zu einem ovalen Laib formen. Auf ein mit Backpapier ausgelegtes Backblech legen und zugedeckt noch einmal 15 Minuten gehen lassen.

4 Den Backofen auf 150 °C (Umluft 130 °C) vorheizen. Die gegangenen Teiglaibe in den Ofen (Mitte) schieben und 10 Minuten backen. Anschließend die Hitze auf 200 °C (Umluft 180 °C) erhöhen und das Gebäck weitere 15–20 Minuten backen, bis es aufgegangen und schön gebräunt ist.

5 Das Gebäck ein paar Stunden oder über Nacht auskühlen lassen. Die Laibe dann in knapp $\frac{1}{2}$ cm dicke Scheiben schneiden. Die Scheiben nebeneinander auf das Backblech legen. Den Backofen auf 100 °C (Umluft 80 °C) schalten und die Scheiben etwa 1 Stunde trocknen lassen. Aus dem Ofen nehmen, abkühlen lassen und das Gebäck in Blechdosen aufbewahren.

FÜR ETWA 55 STÜCK
30 g frische Hefe
$\frac{1}{8}$ l lauwarme Milch
100 g Zucker
1 Prise Salz
500 g Mehl
1 unbehandelte Orange
80 g weiche Butter
1 Eiweiß

Zabaione di Prosecco
Proseccoschaum

Über den Ursprung der Zabaione, der feinen Weinschaumcreme, streiten sich Venedig und Turin. Venezianer lassen allerdings erst gar keinen Zweifel daran aufkommen, wer als Sieger aus der Auseinandersetzung hervorgeht. Ursprünglich wurde der Weinschaum mit einem eher süßen Wein, etwa einem Marsala oder einem Malvasia zubereitet. Aber auch mit Prosecco, zum Beispiel einem Cartizze, schmeckt er ganz ausgezeichnet.

1 Die Eigelbe mit dem Zucker in einer Edelstahlschüssel sehr schaumig schlagen.

2 Die Schüssel auf ein heißes Wasserbad setzen, den Prosecco mit der Zitronenschale und dem Zimtpulver untermischen und alles mit den Schneebesen des elektrischen Handrührgerätes zu einer schaumigen, leicht dickflüssigen Creme aufschlagen.

3 Die heiße Weinschaumcreme in Gläser füllen, eventuell noch mit etwas Zimtpulver bestäuben und servieren.

DAZU: frische Früchte, am besten Beeren oder auch saftige Pfirsichschnitze, und Gebäck zum Dippen

FÜR 4 PORTIONEN
4 sehr frische Eigelbe
4 EL Zucker
100 ml Prosecco
etwas abgeriebene unbehandelte Zitronenschale
1 Prise Zimtpulver

Zaeti
Maisgebäck

Wie Krapfen und manch andere süße Köstlichkeit gehören auch die zaeti *zum venezianischen Karneval. Ihr Name leitet sich von* gialletti *ab, was auf Italienisch so viel wie kleine Gelbe* (gialli) *bedeutet.*

FÜR ETWA 28 STÜCK:
100 g Rosinen
50 ml Prosecco oder trockener Weißwein
1 unbehandelte Zitrone
1 Vanilleschote · 150 g Butter
30 g frische Hefe
200 ml lauwarme Milch
3 Eier · 150 g Zucker
300 g Weizenmehl
300 g feines Maismehl
1 Prise Salz · 80 g Pinienkerne

Außerdem:
Puderzucker zum Bestäuben

1 Die Rosinen mit dem Prosecco in einem Schälchen mischen und einweichen.

2 Die Zitrone heiß waschen und abtrocknen, die Schale fein abreiben. Die Vanilleschote der Länge nach aufschlitzen und das Mark mit dem Messerrücken herauskratzen. Die Butter in einem Topf schmelzen, aber nicht braun werden lassen.

3 Die Hefe zerkrümeln und in der Milch auflösen. Die Eier mit dem Zucker schaumig schlagen. Die beiden Mehlsorten mit dem Salz mischen. Zitronenschale, Vanillemark, Butter und angerührte Hefe zur Eiercreme geben und alles zu einem geschmeidigen Teig verkneten. Zugedeckt an einem warmen Ort etwa 1 Stunde gehen lassen.

4 Dann die Rosinen abtropfen lassen und mit den Pinienkernen unter den Teig kneten. Vom Teig kleine Stücke abnehmen und mit bemehlten Händen zu ovalen, etwa 8 cm langen und höchstens 5 cm breiten Brötchen formen.

5 Den Backofen auf 160 °C (Umluft 140 °C) vorheizen. Ein Backblech mit Backpapier auslegen und die Brötchen darauf verteilen. Die Zaeti im heißen Ofen (Mitte) etwa 25 Minuten backen, bis sie schön gebräunt sind. Abkühlen lassen und das Gebäck vor dem Servieren mit Puderzucker bestäuben.

Pere al vino rosso
Birnen in Rotwein

Im Veneto wachsen kleine, sehr aromatische Birnen, die man roh nicht essen kann, stattdessen aber besonders gerne in Rotwein gart und als einfaches und köstliches Dessert serviert. Man nennt die Birnen cannellini. *Dazu schmeckt übrigens die Prosecco-Zabaione von Seite 125 ganz ausgezeichnet.*

FÜR 4 PORTIONEN
4 saftige feste Birnen (noch besser: 8 kleine Birnen)
2 EL Zitronensaft
20 g Butter
70 g Zucker
$\frac{1}{8}$ l trockener Rotwein
1 Zimtstange
je 1 Stück unbehandelte Orangen- und Zitronenschale
1 TL Pfefferkörner

1 Die Birnen im Ganzen schälen, den Stiel dabei nicht entfernen. Die Birnen mit dem Zitronensaft einpinseln.

2 Die Butter mit dem Zucker in einem feuerfesten Topf schmelzen. Die Birnen hineingeben und bei mittlerer Hitze unter vorsichtigem Wenden rundherum goldbraun braten. Birnen aus dem Topf heben.

3 Den Backofen auf 200 °C (Umluft 180 °C) vorheizen. Den Wein in den Topf gießen und den Karamell, der dabei fest wird, wieder schmelzen. Zimtstange, Zitrusschalen und Pfeffer zugeben und den Wein offen bei mittlerer Hitze in 10–15 Minuten leicht einkochen lassen.

4 Birnen wieder in den Topf legen, mit Wein beschöpfen und im Ofen (Mitte) in etwa 30 Minuten weich garen, dabei ab und zu wenden und mit dem Wein beschöpfen. Die Birnen im Wein abkühlen lassen, dabei immer wieder mit Sud beschöpfen. Gut gekühlt servieren.

Torta Nicolota
Brottorte

Diese einfache Torte stammt von einer kleinen Insel der Lagune, deren Bewohner vom Fischfang mehr schlecht als recht lebten und daher auch bei den Süßigkeiten keine großen Sprünge machen konnten. Früher wurde die Torte nur aus Brot – meist altbackenem, das man in keinem Fall wegwerfen wollte – und Eiern zubereitet, einziges Süßungsmittel: Rosinen. Heutzutage können wir etwas großzügiger sein und Zucker untermischen und das Brot in Milch statt Wasser einweichen. Wer möchte, kann auch ein paar Apfel- oder Birnenschnitze mit untermischen.

FÜR EINE SPRINGFORM
MIT 28 CM DURCHMESSER
250 g altbackenes Weißbrot
½ l Milch
100 g Rosinen
1 unbehandelte Orange
50 g Butter · 80 g Zucker
100 g Mehl · 2 Eier
2 TL Fenchelsamen

Außerdem:
Butter für die Form

1 Das Brot von der Rinde befreien, in Stücke brechen oder schneiden und mit der Milch in einer Schüssel mischen. Das Brot etwa 15 Minuten in der Milch einweichen. Inzwischen die Rosinen mit warmem Wasser bedecken und ebenfalls etwas einweichen.

2 Den Backofen auf 180 °C (Umluft 160 °C) vorheizen. Die Orange heiß abwaschen und abtrocknen, die Schale fein abreiben. Die Butter zerlassen. Die Springform mit Butter fetten.

3 Die Rosinen abtropfen lassen und mit der Orangenschale, der Butter, dem Zucker, dem Mehl und den Eiern zum Brot geben. Alles zu einem Teig verarbeiten und in der Form verteilen. Mit den Fenchelsamen bestreuen.

4 Den Kuchen im heißen Ofen (Mitte) etwa 50 Minuten backen, bis er schön gebräunt ist. Abkühlen lassen, in Stücke schneiden und servieren.

Fregolotta
Krümeltorte

FÜR 1 TARTEFORM
VON 30 CM DURCHMESSER
½ unbehandelte Zitrone
250 g gehäutete fein geriebene Mandeln
250 g Mehl · 150 g Zucker
1 Prise Salz
125 g Butter · ⅛ l Sahne

Außerdem:
Butter für die Form

1 Die Zitrone heiß waschen und abtrocknen, die Schale fein abreiben. Die Mandeln mit dem Mehl, dem Zucker, dem Salz und der Zitronenschale mischen.

2 Den Backofen auf 150 °C (Umluft 130 °C) vorheizen. Eine Tarteform mit Butter ausstreichen. Die Butter in einem Pfännchen schmelzen, aber nicht braun werden lassen. Die flüssige Butter mit der Sahne in die Mehlmischung gießen und alles mit einer Gabel locker durchmischen, bis sich Streusel bilden. Die Streusel in der Form verteilen. Nur ganz leicht andrücken, damit sie zusammen halten.

3 Den Kuchen im heißen Ofen (Mitte) etwa 50 Minuten backen, bis er schön gebräunt ist. Abkühlen lassen, aus der Form lösen und in Stücke brechen.

Torta di zucca
Kürbistorte

1 Rosinen in dem Grappa einweichen. Die Zitrone heiß abwaschen und sorgfältig abtrocknen, die Schale dünn abreiben.

2 Den Kürbis schälen und die Kerne mit dem faserigen Fruchtfleisch herausschneiden. Den Kürbis in etwa ½ cm dicke Scheiben schneiden.

3 Die Kürbisscheiben mit 50 g Butter in eine Pfanne geben und bei mittlerer Hitze unter Rühren langsam erwärmen. Zucker und Zitronenschale untermischen, alles etwa 10 Minuten bei großer Hitze garen, bis der Kürbis weich ist. Dabei immer wieder durchrühren. Anschließend lauwarm abkühlen lassen.

4 Den Backofen auf 180 °C (Umluft 160 °C) vorheizen. Eine flache Tarteform mit Butter ausstreichen. Die Eier trennen. Die Eigelbe mit den abgetropften Rosinen und dem Mehl unter die Kürbisstücke mischen. Eiweiß zu steifem Schnee schlagen und unterheben. Die Masse in die vorbereitete Form füllen und glatt streichen. Die Oberfläche mit Mandelblättchen bestreuen und mit der übrigen Butter in Flöckchen belegen. Die Kürbistorte im vorgeheizten Ofen (Mitte) 35 bis 40 Minuten backen, bis sie schön knusprig ist.

Variante: **Zucca al forno** (Kürbis aus dem Ofen)
Ein Stück Kürbis von etwa 800 g schälen, putzen und in Würfel schneiden. Eine feuerfeste Form mit Butter ausstreichen und die Kürbiswürfel darin verteilen, mit 50 g Zucker bestreuen. ¼ l Milch angießen und die Kürbiswürfel mit Butterflöckchen belegen. Im vorgeheizten Backofen bei 180 °C (Umluft 160 °C) etwa 30 Minuten backen, bis sie weich sind. Vor dem Servieren mit etwas Zimtzucker bestreuen.

FÜR 1 TARTEFORM
VON 30 CM DURCHMESSER
80 g Rosinen
5 EL Grappa
1 unbehandelte Zitrone
1 Stück Kürbis (etwa 650 g)
70 g Butter
100 g Zucker
2 Eier
100 g Mehl
100 g Mandelblättchen

Außerdem:
Butter für die Form

Frittelle
Kleine Krapfen

Fast alle dolci, *die knusprig frittiert aus dem Topf gehoben werden, haben mit dem Karneval zu tun und werden traditionell an diesen Tagen zubereitet.*

Erst 1980 wurde die bis ins 11. Jahrhundert zurückreichende Tradition, den Karneval zu feiern, wieder belebt. Nachdem die Venezianer ihn im 18. Jahrhundert ziemlich ausschweifend gefeiert hatten, wurde der Freude durch Napoleon 1797 ein Ende gesetzt. Sicher nicht nur deshalb sagt man in Venedig noch heute: „Nicht alle Franzosen sind schlecht, aber una buona parte *(ein guter Teil – in Anspielung auf den Namen Napoleons: Buonaparte).*

Was 1980 eigentlich eher für die Venezianer selbst neu entdeckt wurde, ist heute eine, wenn nicht gar die größte, Touristenattraktion der Stadt. Vor allem die letzten zehn Tage vor dem Aschermittwoch befindet sich Venedig im Ausnahmezustand. Die Kostüme und Masken orientieren sich am 18. Jahrhundert und an der Commedia dell'Arte. Übrigens begann der carnevale *in früheren Jahrhunderten schon im Oktober, wenn die Theater ihre Saison eröffneten. Das Tragen der Masken diente nicht nur der Verkleidung, sondern auch dazu, um inkognito vielleicht nicht ganz so feine Dinge tun zu können.*

FÜR ETWA 25 STÜCK
100 g Rosinen
4 EL Grappa
1 Würfel frische Hefe (42 g)
¼ l lauwarme Milch
75 g Zucker
500 g Mehl
1 Prise Salz

Außerdem:
Frittierfett zum Ausbacken
Puderzucker zum Bestäuben

1 Die Rosinen mit dem Grappa mischen und etwa 30 Minuten einweichen lassen.

2 Die Hefe zerkrümeln und in etwas lauwarmer Milch mit 2 TL Zucker anrühren. Das Mehl mit dem Salz mischen, die angerührte Hefe, die übrige Milch, den restlichen Zucker und die Rosinen dazugeben und alles zu einem glatten geschmeidigen Teig verkneten. Den Teig zugedeckt an einem warmen Ort 4–5 Stunden gut aufgehen lassen.

3 Dann das Fett in einem weiten Topf erhitzen. Vom Teig mit einem Esslöffel Bällchen abnehmen und ins heiße Fett gleiten lassen. Die Bällchen in 4–5 Minuten knusprig frittieren, dabei einmal wenden.

4 Die frittierten kleinen Krapfen mit dem Schaumlöffel herausheben, auf einer dicken Lage Küchenpapier entfetten und warm mit Puderzucker bestäubt servieren.

Varianten: Unter den Teig kann man statt Rosinen auch Apfelstücke, Birnenstücke oder andere Früchte mischen. Und auch Nüsse – Haselnüsse, Mandeln oder Walnüsse – passen gut zu den *frittelle.*

Tipp: Wichtig beim Frittieren ist, dass das Fett heiß genug ist. Nur dann wird der Teig schön knusprig und saugt sich nicht zu stark mit Fett voll. Erhitzen Sie das Fett im Topf und halten dann den Stiel eines hölzernen Kochlöffels hinein. Bilden sich rundherum reichlich kleine Bläschen, ist das Fett heiß genug. Damit es beim Eintauchen des Teiges nicht zu stark abkühlt, frittiert man die Bällchen immer nur portionsweise. Und: Fritelle immer ganz frisch, am besten gleich nach dem Ausbacken, servieren.

Glossar

Asiago: Der bei uns bekannteste Käse des Veneto kommt aus der Hochebene von Asiago und wird aus der Milch von Bergkühen hergestellt. Je nach Alter beziehungsweise Reifezeit unterscheidet man *Asiago mezzano* (der mindestens 3 Monate Reifezeit hinter sich hat und noch relativ weich ist) und *Asiago vecchio* (der über 9 Monate gereift ist und so hart ist, dass man ihn reiben kann). Noch älterer und noch besser zum Reiben geeigneter Asiago heißt auch *stravecchio*. Jung schmeckt der Asiago mild, mit der Reife wird er würziger. Eine andere Unterscheidung teilt den Käse in *Asiago d'allevo* aus den Bergen und einen aus dem Flachland und eher industriell hergestellten *Asiago pressato* aus pasteurisierter Milch.

Bàcaro: Weinschenke, in der man kleine Gläschen Wein trinkt und Kleinigkeiten (*cicheti*) zu sich nimmt.

Baccalà: Durch Einsalzen haltbar gemachter Kabeljau aus Norwegen (Klippfisch), in Venedig und dem Veneto auch durch Trocknen haltbar gemachter Kabeljau (Stockfisch, der im übrigen Italien *stoccafisso* heißt). Kann man Baccalà bei uns im Fischhandel kaufen beziehungsweise vorbestellen, es gibt ihn aber auch in spanischen und portugiesischen Fachgeschäften.

Bigoli: Den Spaghetti ähnliche lange Nudeln, die man im Veneto auch aus Vollkornmehl macht. Sie sind in der Regel etwas dicker als Spaghetti, können aber immer durch diese ersetzt werden.

Bisato: So wird im Veneto der Aal genannt, wenn er ausgewachsen ist.

Bisi: Dialektausdruck für Erbsen, die auf Italienisch *piselli* heißen.

Borlotti: Große Bohnen mit roten Sprenkeln, die beim Garen etwas verblassen. Kann man im Spätsommer auf den Märkten in den Hülsen frisch kaufen (ausgelöst haben sie eine Garzeit von etwa 20 Minuten), aber man bekommt sie das ganze Jahr über getrocknet. Borlotti gelten als die besten Bohnen Italiens.

Bresaola di cavallo: In den Provinzen Padua, Venedig und Treviso wird diese Spezialität aus Pferdefleisch in geringen Mengen hergestellt. Verwendet werden nur magere Fleischstücke, meist Lende oder Nuss. Die Stücke werden mit Salz und Pfeffer und, je nach Metzger, auch mit anderen Gewürzen eingerieben und etwa 20 Tage zum Trocknen aufgehängt. Das getrocknete Fleisch wird wie Bündnerfleisch in sehr dünne Scheiben geschnitten.

Cannocchia: Der Heuschreckenkrebs ist länglich und wird gegart mit Petersilie, Knoblauch und Zitronensaft angemacht oder unter den Meeresfrüchtesalat gemischt. Kann gut durch Scampi ersetzt werden.

Cannolicchio oder **Cappalunga:** Heißen bei uns Messerscheiden und sind lange und dünne Muscheln, die man in Venedig meist zusammen mit anderen Meeresfrüchten genießt. Müssen vorsichtig geöffnet werden, da die Schalenhälften sehr scharf sind.

Carne sfilata: Für diese rare Spezialität wird Pferdefleisch (meist aus der Keule) in dünne Scheiben geschnitten, eingesalzen und geräuchert. Wenn diese Scheiben getrocknet sind, schneidet man sie in hauchfeine Streifen. Gegessen wird das Fleisch mit Olivenöl und Zitronensaft, etwa als Vorspeise. Schmeckt gut zusammen mit Rucola.

Casatella Trevigiana: Diese Käsespezialität aus Treviso ist cremig und milchigweiß. Dafür wird die Milch eingedickt, grob geschnitten und geformt. Danach kommt sie für einen Tag in ein Salzbad. Der Käse wird schon nach zwei Tagen verkauft, schmeckt aber etwa nach einer Woche am besten, weil er dabei würziger wird. Den weichen Käse isst man in Treviso gerne mit Salat.

Castradina: Ein Gericht, das man traditionell zum Redentorefest im November servierte. Es handelt sich um gepökelte und geräucherte Hammelkeule, die gekocht und mit Wirsing serviert wird.

Castraure: So nennt man kleine zarte Artischocken, die in Venedig von der Lageneninsel Sant'Erasmo kommen.

Catalogna: Kultivierter Löwenzahn, mit langen gebleichten Blättern, die weniger bitter schmecken als der wild gesammelte Löwenzahn. Kann man unter den Salat mischen oder als Gemüse zubereiten.

Chilischoten: Heißen in Italien *peperoncini* und werden frisch und getrocknet angeboten. Getrocknete zerreibt man im Mörser, frische nach dem Waschen vom Stielansatz befreien und zerkleinern. Verwendet man die Kerne mit, wird das Gericht schärfer als ohne. Und: die Schärfe haftet auch an den Händen, also nach dem Zerkleinern nicht in den Augen reiben, brennt sonst höllisch.

Cicheti: So nennt man in Venedig und dem Veneto kleine Häppchen, die man zum Wein serviert. Manchmal werden sie auch *ciccheti* geschrieben und gelegentlich *cicchetti*. Da es aber kein italienischer, sondern ein venezianischer Dialektausdruck ist, stimmt wohl der erste.

Clinton: Wie der *Fragolino* ein nicht ganz dem italienischen Weingesetz entsprechender Rotwein mit gelegentlich leicht bitterer Note, der trotzdem sehr beliebt ist. (Siehe Seite 17)

Datteri di mare: Die Meeresdatteln sind den Muscheln ähnlich, sehen aber eher aus wie Datteln, daher der Name. Man isst sie in Venedig roh oder gegart.

Fas(i)oi: Dialektausdruck für Bohnen, meist sind Borlottibohnen gemeint.

Fenchelsamen: Stammen meist vom wilden Fenchel, sind würzig und im Geschmack ähnlich wie Anis, mit dem sie auch verwandt sind.

Figà: Dialektausdruck für Leber.

Formaggio ubriaco: Als die Bauern des Veneto noch nicht selbstverständlich Öl zum Einreiben der Käselaibe verwendeten, weil es zu kostbar war, legten sie die etwa 20 Tage alten Käselaibe nach dem Formen und Einsalzen in Trester (von roten Trauben) und begossen sie mit Most. Durch dieses etwa 2 Tage dauernde Bad wurde die Rinde schön rot und der Käse würzig. Oft werden *Asiago* und *Montasio* so behandelt.

Fragolino: Wein aus den gleichnamigen Trauben, die einen intensiven Erdbeergeschmack (*fragolo*) aufweisen. Die Trauben bekommt man im Spätsommer auf den Märkten, der Wein darf eigentlich nicht hergestellt werden, weil die Trauben wild sind.

Gò: Kleine Aale aus dem Schlamm der Lagune. Traditionell wird mit ihnen ein Risotto zubereitet, für das man das gekochte Fischfleisch passieren muss, um die spitzen Gräten zu entfernen. Auch in traditionellen Lokalen kaum mehr im Angebot, weil recht aufwändig.

Gòto: Dialektausdruck für Glas, meist ist damit ein Glas Wein gemeint.

Granchio: Kleine oder größere Krebse, die man im Ganzen als einzelnes Gericht serviert oder unter Fischsuppen und Eintöpfe mischt.

Granseola oder **Gransevola:** Meerspinne, die man in Venedig besonders liebt und die in der Lagune vorkommt. Meist kocht man sie einfach und isst das Fleisch mit Zitronensaft, Petersilie und Öl.

Grappa: Ein Branntwein aus Trester, der ursprünglich aus Bassano del Grappa stammt. Dort sind vor allem die Grappe von *Nardini* berühmt.

Kapern: Knospen des Kapernstrauches, die vor dem Aufblühen geerntet und eingelegt werden. Kapern bekommt man in Lake und in Salz eingelegt. Eingesalzene Kapern sind würziger und müssen vor der Verwendung gründlich abgespült werden.

Luganega: Bezeichnung für eine Schweinefleischwurst, die man roh oder gereift kaufen kann. Sie kann frisch, gekocht oder gebraten gegessen werden. Der Name weist auf ihre lange Geschichte hin, die ersten Würste Italiens soll es in *Lukanien*, dem früheren Ausdruck für die Basilikata, gegeben haben.

Maisgrieß: siehe Polenta

Maismehl: Wird durch feines Mahlen von getrockneten Maiskörnern gewonnen und kann zum Backen nur zusammen mit Weizenmehl verwendet werden, da es kaum Kleber hat. Gibt Gebäck eine schöne gelbe Farbe.

Mascarpone: Frischkäsespezialität mit 80 % Fett i.Tr. aus der Lombardei, wird überall in Norditalien für die Zubereitung von Cremes und Desserts verwendet. Der cremige Käse wird aus aufgerahmter Sahne hergestellt. Im Veneto ist Mascarpone unverzichtbar im *Tiramisù*. Auch bei uns bekommt man ihn inzwischen in beinahe jedem Supermarkt, er wird abgepackt in 250- und 500-g-Packungen angeboten.

Montasio: Der Kuhmilch-Käse stammt aus dem Friaul, wird aber auch im Veneto oft angeboten und gerne verwendet. Montasio heißt eine Berggruppe, wo auf einer Hochebene die Weiden für die Bergkühe liegen. Montasio kann man wie *Asiago* jung oder gereift kaufen. Bei uns ist *Asiago* häufiger im Angebot als Montasio, man kann ihn immer als Ersatz nehmen.

Nervetti: Sauer eingelegte Rinderadern, die mit Zwiebeln serviert werden und ziemlich scharf gewürzt sind.

Ombra: Unter dieser Bezeichnung versteht man in Venedig und dem Hinterland ein kleines Glas Wein (etwa 100 ml), das man in Weinschenken meist im Stehen trinkt. Der Ausdruck *ombra* soll daher kommen, dass die Weinhändler, die ihren Wein früher auf den Straßen der Städte verkauften, mit ihren Fässern immer dem Schatten (*ombra*) nachzogen, den die Kirchtürme auf die Plätze warfen, damit der Wein frisch und kühl blieb.

Osteria: Früher verstand man darunter immer eine Weinschenke, nur Osterien mit dem Zusatz *con cucina* boten auch etwas zu essen an. Auch heute findet man diesen Ausdruck im Veneto noch oft.

Pancetta: Bauchspeck vom Schwein, eingesalzen und zum Trocknen aufgehängt. Ist flach und gerollt im Handel.

Parmesan: Der beliebteste Hart- und Reibkäse Italiens stammt ursprünglich aus der Emilia Romagna und wird in ganz Italien zum Bestreuen von Pasta und Risotto und für viele andere Gerichte verwendet. Kürzer gereift und nicht ganz so würzig ist der *Grana Padana*.

Parsùto: Venezianischer Dialektausdruck für *prosciutto*, Schinken.

Pecorino: Der Käse aus Schafmilch wird jung und gereift angeboten, letzterer kann den Parmesan ersetzen. Der meiste Pecorino kommt aus Mittelitalien, hergestellt wird er aber in ganz Italien.

Pecorino veneto: Wird wie die anderen Pecorini Italiens aus Schafmilch hergestellt, ist aber nicht sehr verbreitet. Auch im Veneto verwendet man inzwischen Pecorino aus der Toskana oder anderen Regionen.

Pegorin: Dialektausdruck für Käse aus Schafmilch.

Peperoncino: siehe Chilischoten

Pinienkerne: Helle, würzige und fetthaltige Samenkerne aus den Pinienzapfen. Weil die Gewinnung viel Mühe macht, nicht ganz billig. Werden in Venedig gerne an süßsaure Gerichte gegeben.

Polenta: Maisgrieß, der mehr oder weniger fein gemahlen sein kann, zu Brei gekocht und als Beilage serviert wird. Im Veneto auch aus weißen Maiskörnern im Handel und in diesem Fall etwas milder.

Pòmi: Dialektausdruck für Äpfel.

Radicchio di Castelfranco: Diese Sorte hat hellgrüne Blätter mit roten Sprenkeln und bildet eher locker geschlossenen Köpfe aus. Man bekommt sie inzwischen auch bei uns auf größeren Märkten und in gut sortierten Gemüsegeschäften.

Radicchio di Chioggia: So nennt man im Veneto die runden roten Köpfe, die bei uns schlicht unter dem Namen Radicchio verkauft werden. Er sollte dicht geschlossene, feste Köpfe und eine helle Schnittstelle am Strunk haben.

Radicchio di Treviso: Diese Sorte hat längliche und mehr oder weniger fest anliegende Blätter. Er wird auch *Trevisano* genannt. Man unterscheidet zwei Sorten: den *rosso tardivo* und den *rosso precoce*.

Ricotta: Wird aus der Molke gewonnen, die man bei der Herstellung von Kuhmilch- und Schafmilchkäse erhält. Ricotta aus Kuhmilch

bekommt man abgepackt in jedem Supermarkt, im italienischen Feinkosthandel auch offen in besserer Qualität.

Risottoreis: Spezialreis für das berühmte Gericht mit mittelgroßen Körnern. Die Sorten *Vialone*, *Carnaroli* und *Arborio* sind am besten.

Saor: Dialektausdruck für *sapore,* deutet im Veneto auf in Essigsud mit Zwiebeln würzig eingelegte Fische und Gemüse hin. Oft sind Rosinen und Pinienkerne mit von der Partie.

Sardellenfilets: Die würzigen kleinen Fische werden im Ganzen, häufiger aber als Filets in Salz oder Öl eingelegt. Eingesalzene Sardellen sind würziger und müssen vor dem Verwenden ein paar Stunden gewässert werden (Wasser ab und zu wechseln), damit sie nicht zu salzig sind. Sardellenfilets in Öl lässt man einfach abtropfen.

Schie: Kleine Garnelen aus der Lagune Venedigs, die man bei uns nicht bekommt. Nehmen Sie stattdessen kleine Scampi.

Sopressa: Diese relativ fette und weiche Salami wird im Veneto roh als *antipasto* oder Imbiss gegessen, aber auch gekocht oder gebraten und beispielsweise zu Polenta serviert. Für den rohen Verzehr ersetzt man sie bei uns am besten durch andere nicht zu harte Salami, gekocht oder gebraten durch frische *salsicce* (Würste) aus Schweinefleisch.

Spadon: Dialektausdruck für den länglichen Radicchio di Treviso.

Spàresi: Dialektausdruck für Spargel.

Spritz oder **Spriz:** Aperitif aus Weißwein und Wasser, manchmal mit Campari oder Aperol, fast immer mit einer Zitronenscheibe serviert. Der Name kommt vom österreichischen Ausdruck „*G'spritzter*".

Suca: Dialektausdruck für Kürbis.

Suca baruca: Kürbisart aus Chioggia mit grüner warziger Schale. Durch alle anderen Kürbisarten, am besten aber durch Muskatkürbis zu ersetzen.

Tècia: Dialektausdruck für Topf oder Pfanne.

Trattoria: Ursprünglich einfaches Restaurant, in dem man die Spezialitäten der Region serviert bekam, heute auch einmal ein Edellokal.

Rezeptregister

Deutsch

Italienisch

Die Autorin:

Cornelia Schinharl machte nach einem Sprachenstudium ihre Liebe zu kulinarischen Genüssen zum Beruf. Seit über 15 Jahren ist sie als freie Foodautorin tätig. Inzwischen sind über 50 Bücher von ihr erschienen – mit dem Schwerpunkt auf internationaler und kreativer moderner Küche. Ihre besondere Liebe jedoch gehört der italienischen Küche. Für ihre Arbeiten erhielt Cornelia Schinharl bereits mehrere nationale und internationale Auszeichnungen.

Das Foto-Team:

Martina Görlach ist seit vielen Jahren Mitglied im Team Eising-FoodPhotography in München. Nach ihrem Kunstgeschichte-Studium und einer Ausbildung zur Glasmalerin wechselte sie schließlich zur Foodfotografie, nachdem sie zuvor als Stylistin gearbeitet hat. Ihr typischer, frischer Stil macht ihre Fotos zu einem wahren Augenschmaus.

Michael Koch absolvierte eine Ausbildung zum Koch und durchlief anschließend Berufsstationen in erstklassigen Häusern. Vor einigen Jahren machte er sich selbstständig als freier Foodstylist, Caterer und „rent-a-cook". Über seine Arbeit sagt er: „Die optische Präsentation von Rezepten und Menüs mit dem richtigen Styling, Porzellan und Ambiente spielte für mich schon immer eine große Rolle. Im Studio Eising kann ich diese Leidenschaft endlich ausleben."

Tiziano Scaffai ist Fotograf und Grafik-Designer. Im Bereich Kommunikationsdesign arbeitet er hauptsächlich für große norditalienische Firmen.

Sein fotografisches Talent setzt er inzwischen zunehmend in der Landschaftsfotografie ein. Auf der Suche nach dem Verhältnis von Raum, Licht und Bewegung gelingen ihm originelle, einzigartige Fotos. Tiziano Scaffai lebt und arbeitet in Treviso.

Dank:

Ein herzliches Dankeschön der Autorin geht an Tiziano Scaffai für seine freundliche Unterstützung.

Unser Dank gilt auch Johannes Lorenzer, der aus seinem umfangreichen Venedig-Bildarchiv freundlicherweise zwei Fotos zur Verfügung gestellt hat.

Alle in diesem Buch enthaltenen Informationen und Rezepte wurden von der Autorin und dem Verlag sorgfältig erarbeitet und überprüft. Eine Haftung kann jedoch nicht übernommen werden.

Anregungen und Hinweise sind jederzeit willkommen: info@seehamer. de oder Postfach 61, D-83629 Weyarn
Besuchen Sie uns auch im Internet: www.seehamer.de

© 2005 Seehamer Verlag GmbH, Weyarn
Alle Rechte vorbehalten
Gestaltung, Satz und Redaktion: Bine Cordes, Weyarn
Fotos: Titelbild und alle Rezeptfotos Eising FoodPhotography/ Martina Görlach, München;
Kapitelaufmacher auf den Seiten 18/19, 42/43, 68/69, 88/89, 106/107 und 118/119: Tiziano Scaffai, Treviso;
Johannes Lorenzer, Rohrdorf/Thansau, Seite 40, 100;
alle übrigen Fotos Seehamer Verlag
Foodstyling: Eising FoodPhotography, Michael Koch, München
Lektorat: Katrin Wittmann, w & w, Füssen
Lithographie: inteca Media Service GmbH, Rosenheim
Druck und Bindung: L.E.G.O., Vicenza, Italien
ISBN 3-934058-93-0